一位被譽為「歐洲股神」的傳奇操盤手，如何在市場主流中狙擊轉機股？

安東尼・波頓的投資攻略

安東尼・波頓 著

吳國欽 譯

# 逆勢出擊

INVESTING
AGAINST
THE
TIDE

ANTHONY
BOLTON

# 目錄

# Part 1

## 我的投資原則與實務

Principles and practices from a life running money

■「均值回歸」是資本主義不證自明的真理

# Part 2

## 我的投資經驗與省思

Experiences and reflections from a life running money

# Part 3

## 安東尼・波頓的投資教戰守則

Anthony Bolton's lessons from a life running money

# 六步驟完成「逆勢出擊」準備，
# 歷久彌新、值得一讀再讀的投資心法

林奇芬 │ 理財教母，《Money錢雜誌》顧問、《Smart 智富月刊》社長／總編輯

　　2020年已拉開序幕，自2018年以來國際紛擾升高，投資市場震盪劇烈，投資人心情忐忑不安。這一波行情從2009年起漲，多頭至今已逾十年，確實有高處不勝寒的風險。但投資學習之路卻不可停止，本書將詳述投資大師安東尼波頓的投資心法，讀者可藉此好好檢視自己手上的股票，能否安度寒冬。

　　富達（Fidelity）是國際知名基金公司，曾有兩位名聞遐邇的基金經理人，一位是美國的彼得林區，一位是在歐洲的安東尼波頓。波頓曾經擔任富達特別時機基金（1979到2007年）、富達歐洲基金（1985到2002年）的基金經理人，管理一檔基金長達二十八年，並創造年化報酬率高達20%的傲人績效，因而被稱為「歐洲股神」。

　　2007年12月底，安東尼波頓自富達退休，之後他仍

協助指導年輕的基金經理人，並將自己的投資經驗寫成
《逆勢出擊》一書，以下是我整理大師的投資心法，與大
家分享。

## Step1 如何評估公司？

最先要評估一家公司的競爭優勢。包括：這家公司十
年後還存在嗎？會更有價值嗎？公司是否可以掌握自己
的命運，不受到總體環境的影響？能創造現金的企業比消
耗現金的企業更優秀。如果必須在創造現金和成長中做選
擇，會更偏好現金。「高股東權益報酬率」是判斷企業是
否有價值的終極標準。

檢視公司資料時，最好有長達二十年的數據，或至少
經歷過一次景氣循環，若短於十年的數據，可能會誤導判
斷。觀察前二十大股東名單，檢查股權是分散還是集中，
若有具聲譽機構法人持股可加分。

要投資誠信、可以信任的經營管理團隊。通常好的管
理者對行業有廣博的知識，不管在策略、營運、財務面都
很了解，同時要求團隊要有高績效表現。多留意內部人股
票交易行為，有時候它可透露一些訊息。

# Step2 如何選擇股票？

　　買進股票時，都應該有一個投資前提（買進理由），定期測試投資前提是否持續，如果投資前提不再成立，應該賣出。

　　你應該忘記買進一檔股票的價格，否則，萬一股價大跌，很容易成為心理障礙。千萬別想從虧損的股票把錢賺回來，如果情勢惡化，不管股價是否低於買進價，都要採取行動賣出。

　　不要對股票設定目標價，只要定期檢視投資前提，評估信心水準，若有信心就繼續持有。長期來看，大多數股價會跟著公司的盈餘走，但評估公司的營運品質，還是更重要。買進一檔股票的六大判斷因素：

1. 企業競爭優勢
2. 經營管理團隊
3. 企業財務狀況
4. 技術分析
5. 股價相對於歷史水準高低
6. 公司被收購的可能性

# Step3 如何建立投資組合？

對每一檔股票進行分析，是「強力買進」、「買進」、「持有」、「減碼」、「？」，五個中的哪一個。買進個別股票的數量，通常反映對這檔股票的信心，它的風險度，股票的市場性。一般持有一檔股票，會從較低比重開始，當信心增強時，會增加持股，若股價已經反映了利多，會開始減少持股。富達對投資組合的限制是「單一個股不超過15％」。

投資組合必須在「攻擊投資」，與「防禦投資」中，取得平衡。「攻擊」是尋找新的潛在投資標的，「防禦」是監控既有的持股。當個股有以下三種情況時，會賣出股票：

1. 投資的前提被推翻了
2. 股價已經達到價值目標
3. 如果發現了更好的股票

建立「觀察名單」，尋找攻擊標的。平常會把公司分為三類：第一類，想要更深入研究後，開始買進的公司；

第二類，先留在觀察名單一季的公司；第三類，想從名單中去除的公司。藉此隨時保持尋找「攻擊」股票，可以讓投資組合擁有持續成長的活力。

## Step4 如何評估股價？

買進我認為價格不合理的股票，然後等待這個不合理被修正。雖然無法知道何時股價會反映，但只要投資前提正確，我就有等待的耐性。投資的關鍵——買進便宜、資產負債表強健的公司，你就擁有安全保證。五個評估股價的財務比率：

1. 本益比（P/E），用來預測本年度與未來兩年的盈餘。除了絕對本益比，也看相對本益比
2. 企業價值（Enterprise Value, EV）／總現金流量比率，或 EV/EBITDA 比率（企業價值倍數）
3. 預估每股自由現金／股價
4. 股價營收比（股票市值／營收）
5. 現金流量投資報酬率（CFROI）

另外，在股價處於歷史相對低檔時買進股票，可以大大提高賺錢機會，在相對高檔時買進股票，則增加虧損機會。買股票前先看三到五年以上的技術線圖。

## Step5 如何逆勢出擊？

以便宜的價格買進轉機股或復甦的股票，是安東尼波頓的投資策略核心。通常這類公司營運不佳，並持續一段時間，機構法人未投資、分析師也未追蹤，多數人退避三舍，反而會帶來吸引人的投資機會。

例如，營運不好的公司，有新的管理團隊進駐，並提出明確計畫；或是，有些公司主要業務不吸引人，卻暗藏一個成長部門；或是，潛在的被併購目標股。通常這類公司資訊不明確，讓人不放心，因此可以先小幅布局，再慢慢加碼。

股票市場是折現買賣未來的最佳場所，它根據投資人集體預期未來六到十二個月的現實世界情況而移動。然而多數人看法不會是正確的，市場也往多數人是錯誤的方向移動。但成功的「時機交易者」，必須能夠違抗整體市場氣氛，且要能相當程度的控制自己的情緒。

# Step6 如何判斷市場的多空循環？

思考三大市場指標：

1. 多頭與空頭的歷史：我們在多頭市場已經漲了多久、多遠；在空頭市場已經跌了多久、多遠。如果時間長短與漲跌幅比歷史高，趨勢改變的機會大增。
2. 投資人信心行為指標：投資顧問信心、買賣權比率、波動率、共同基金現金部位、避險基金總投資與淨投資部位……等。
3. 長期價值：如股價淨值比、自由現金流量……等，若超過正常範圍，就表示機會與風險。

安東尼波頓指出，投資比表面上看來更困難，尤其是想要持續地擁有好成績更困難。他認為買低、賣高並不容易，所以，他更專注在選股，並謹慎的在股價不合理時買進，等待時間還股價公道。而身為基金經理人，他更強調需要具備理智分析、同時要有彈性的自信，再加上敢勇於不同，才能創造良好的投資成果。

# 能與波頓相提並論，
# 無疑是迄今對我最大的讚美

**彼得・林區** │ 選股大師，麥哲倫基金（Magellan Fund）基金經理人

　　為任何書寫序的特權之一，就是有機會以「第一句話」來形塑讀者的印象。所以我很高興告訴你，你手上拿的這本書，凝聚了一位全世界最優秀的投資人的真知灼見。

　　想投資成功，你只有全力以赴。閱讀本書時，注意全力以赴的重要性。注意為什麼殫精竭慮在研究和分析，是長期成功致勝的祕訣。探究這個主題，你將發現媒體讚譽為投資「天才」的人，實際上憑藉的都是持續不斷、永不停息的研究帶給他們的決策資訊優勢。這種優勢加上冷靜沈著、靈活應變、良好的判斷力，以及完全不帶偏見或主觀，就是讓安東尼波頓數十年來創造破紀錄的複合報酬率的原因。波頓在本書詳細述說他如何看待投資，以及他多年來得心應手的投資策略。

　　我強調全力以赴、資訊優勢和靈活應變，是因為傷害

投資人財富最大的莫過於「玩市場」的想法。有太多投資人以為選股是一種遊戲或賭博，就像賭輪盤一樣，運氣的成分居多。但股票不是彩券或賭博籌碼。它們是由實體經營的特定公司所發行，有特定且不斷變化的價格，這些公司在變動不居的市場和經濟中營運，面對了具體而多變的競爭者。

每一檔個股大漲或大跌都有原因，而且這種資訊往往就在眾目睽睽下。但這不表示可以輕易找到。每一檔股票有許許多多面向要考慮，不管主觀或客觀的元素。

在作買進或賣出的判斷時，必須綜合眾多事實與分析等元素，累積到足以作出決定的點。因此雖然機運也扮演一個角色──不容否認的──明智的投資人應該聽從一位偉大的美國運動經理瑞基（Branch Rickey）的忠告：「運氣只是設計的多餘部分。」

即使在今日資訊豐富的環境，許多人可以取得過去華爾街資深分析師獨享的資料，但要從成千上萬家公開上市公司挑選最有成長機會、能提高盈餘、進而推升股價的標的，仍需要利用嚴密的方法。更難的或許是決定何時和為什麼要承認──並放棄──無法避免的錯誤。所有人都會犯錯，每年犯無數次。

逆勢出擊
Anthony Bolton

你將從本書看到，投資贏家脫穎而出的原因是，他們願意挖掘更深、研究更廣，並對所有創意保持開放的心──包括你可能視為錯誤的創意。那些翻遍每一顆石頭，考慮最多投資點子，且對過去的選擇不感情用事的人，最有可能成功。《逆勢出擊》向我們證明，這些觀念已藉由一個人獨特的經驗，通過了壓力測試。這本書讓我們見識到一位真正世界級頂尖投資人的思維和方法。

我們將發現，這個人的信念來自無盡的研究，他的力量則來自淵博的知識，使他敢於長期違逆市場趨勢，堅持自己的看法。但他從未屈服於自大和頑固。決定買進股票時使用的同一套原則與方法，會繼續用在持股時。當股票的基本面惡化時，偏見或念舊不會影響他賣出的決定。作者的親身體驗使本書讀起來不只是有趣，本書還有許多實用的經驗，是一本可以供投資人研讀、欣賞、甚至改變投資方法的活教材。

談到「運氣」是設計的多餘部分，富達確實運氣很好，因為我們有一位幹練的資深主管柏恩斯（Bill Byrnes），在四分之一個世紀前慧眼識英雄，看出波頓過人的才氣。從1979年起，波頓在富達國際自營部門的地位日益重要，不只因為他的基金創造出如此驚人的績效、吸引如此龐大

的資產，也因為他的工作風格和判斷力長期對富達的分析師與基金經理人帶來的影響。

波頓卸下每日的全職基金管理工作，變成受人信賴的導師後，他的影響力仍持續不墜。我所認識的人中，絕少人能比他更適合扮演這個角色。波頓不但創造傲視全球的績效，更是和藹親切與融洽共事的典範。

不難想見，追求資訊優勢的波頓是最好的傾聽者，也是心胸開放的創意分享者。和他談話有99％溫文儒雅，只有1％慷慨激昂，因為他很「酷」，或者用「英國式」的形容來說，最多也只能說他是熱情內斂、冷靜自若。這些都是基金經理人首要的特質。而他知識的深度與廣度無人能及——親愛的讀者，你很快就會發現。而我當然早就知道了。

波頓和我過去多年來討論過的數十檔股票中，我想到其中一檔是「美體小舖國際公司」（Body Shop International），也是我們在它發展各階段都有持股的一檔股票。我還記得在它最好的十年間，我們多次談到這家初期很有潛力的公司如何遭遇挫折、陷入財務困境許多年，繼而以強健的資產負債表、改善的營運和經得起考驗的策略而東山再起——直到最後被萊雅（L'Oreal）收購。我

很感謝波頓分享對這家公司基本面變化的許多觀點——
當然要感謝的還有更多。

在我「第一句話」的結尾，我要談到評論家如何仁慈
地比較我和波頓的投資風格。在我自己擔任基金經理人期
間，有許多和我相關的報導和評論，大部分對我確實很寬
宏大量。但能與波頓相提並論是迄今對我最大的讚美，能
與最優秀的人相提並論讓我與有榮焉。

# 優秀的投資人永遠會在
# 市場的「主流」中保持清醒

安東尼・波頓

　　當我開始執筆寫下這篇前言時，正在一架三萬六千呎高空上的波音七七七上，準備飛往加勒比海。當天是12月29日，2007年的股市即將封關，只剩12月31日週一的交易，而我還剩一天就要離開每天親自管理長達二十八年的「富達特別時機基金」。

　　這表示我將從積極式基金管理和選股的生涯退休，我的感覺相當奇特——我即將卸下一個過去二十八年、占據我每天大半清醒時間的工作。雖然我很確定我想這麼做，我可以空出時間追求其他的興趣，但心頭難免一抹悲戚。

　　話說回來，我絕不會懷念身為基金經理人每天必須吸收的龐大資訊——無數的報告、電子郵件、語音郵件、會議，以及與三十多個經理人和六十多個分析師團隊的討論。我還不太敢相信我可以不讀其他公司的財報，不檢查資產負債表、不摘記企業執行長的談話，不討論分析師的

意見，或不指示我的交易員作交易。

　　事實上，我相信未來我還會偶爾做這些事，不過，我真正想做的是，把我過去近三十年來學到的精華傳承給別人，先是給我的同事──這將是未來幾年我最重要的工作──但也給更廣大的讀者，而這就是本書的緣起。本書的許多材料來自我在富達和投資同僚的討論，還有許多我曾用來協助訓練分析師和新進基金經理人的內容。

　　雖然戴維斯（Jonathan Davies）與我合著的第一本書包含了我的部分投資策略，但本書的目的是更詳盡地擴充我學到的經驗──本書為專業投資人和較成熟的業餘投資人而寫，但我還是希望它的內容能吸引大多數散戶投資人的興趣。

　　在投資中，稱得上新的東西很少，我在本書將引用許多我從其他投資人學到的重要經驗，和說過的話（如果我說出了一些別人已說過的話，而且忘記引述名字，希望他們原諒我）。我引用的話，都是我發現在管理基金上特別有用的。屬於我原創的部分是──我混合這些成份的方式。就像著名的投資人陶布（Nils Taube，遺憾的是他在我寫作本書時去世）說過：「剽竊是投資成功的關鍵」──我完全同意他的說法。

投資是極容易令人迷惑的事——乍看似乎很簡單；但如果你問大多數專業投資人，他們會承認愈來愈覺得投資比原先想像的難。此外，我也看過許多聰明、用功和專注的人，不管做什麼都難不倒他們，但在投資上卻一敗塗地。為什麼？因為投資比表面看來更困難，尤其是要持續有好成績更難。買低、賣高並不容易。

　　我為本書取名為《逆勢出擊》，代表我的反向投資策略可以愉快、且往往從容不迫地在投資主流中逆向操作。

　　本書分成兩大部分，第一個部分是「投資的原則與實務」，我在其中探究成就一家好公司的因素、我們參加公司會談時做什麼、信心的重要性，以及如何決定投資組合中的股票。然後我會繼續討論公司財務、資產負債表風險，以及我曾犯的最大的錯誤、估價技術、合併與收購、復甦與轉機股、交易，還有如何使用技術分析。接著我會探討我的資訊來源、使用經紀商、進場時機和宏觀因素、我對基金經理人的看法，以及我認為一位優秀的基金經理人應具備的十二項特質。

　　第二個部分是「投資的經驗與省思」，在其中我討論一些我參與的有趣會談、我最差和最棒的投資經驗，以及基金業在我從業期間歷經的變化。最後，我以對投資業的

一些看法作為本書結尾。

　　本書開始是一封信，談強森先生（富達創辦人）對「明星基金經理人」的看法，我想這封信道出了富達這家公司的部分特質。另外，我也列舉了我歷年來擔任的投資組合工作。

　　正如我前面說過，雖然我希望寫本書的方式能讓老練的業餘投資人從中學到東西，但有時候我擔心一些術語會讓我力有未逮，儘管我已盡量避免使用術語，和盡可能作解釋。另一方面，我也不希望本書像教科書那樣包含術語的詳細解釋，例如什麼是現金流量或企業價值，所以我假設大家都具備這方面的知識。

　　在本書後半，我會更深入探討優秀的投資人該具備哪些特質，雖然我投身這個行業愈久，就愈看重兩項特質——常識與氣質。如果你擅長邏輯思考、客觀且能獨立判斷，並且「在其他人頭腦混亂時能保持神智清晰」，你就具備了成功投資人的基礎。

# 關於強森（Edward C. Johnson II）

■ 一封談及「富達投資」創辦人 —— 愛德華C.強森二世的信

編按：這封信提及強森先生對「明星基金經理人」的看法，摘錄自《機構投資人》雜誌（Institutional Investor），1984年7月。

閣下：

您對蔡至勇（Jerry Tsai）\*的評論，刊登在強森的訃聞幾頁之隔，讓我回想起二十年前蔡至勇高掛他的富達戰袍時，所有富達的批發商齊聚一堂，與公司的菁英共同參加年會，而失去蔡至勇確實是一件令人難過的事。

想激勵奧希科希（Oshkosh）的經紀商，怎能不談談蔡至勇的故事？當時強森先生召集我們，說了一番不僅證明是「預言」的話，而且還能套用在已從其他團隊退出的明星基金經理人。

「永遠別忘記！」他說：「那些明星基金經理人在出頭的路上，貢獻出他們最好的表現。這在運動、藝術和商業

---

\* 1929年出生在上海的蔡至勇，是當代天賦異稟的交易員，不到三十歲便成為富達投資的明星經理人，擔任富達資本基金經理人的八年期間，創造高達二十七倍的驚人報酬。

都是如此。一旦達到頂點，他們很少能再創佳績。」

　　然後，他繼續談到最重要的部分。「當他們離開」他說：「他們打開了團隊中另一個成員出頭、創造傳奇的門。」

　　作為結論，他說道：「所以別難過，我們設計了讓人才一展所長的制度，而這個制度還運作得很好。」

　　這是寶刀未老的強森，他知道世界是怎麼運作的。

　　　　　——海契特（Duvall Hecht）
　　　　　　波特榭公司（Boettcher & Co.），丹佛

# 安東尼・波頓執掌過的基金

富達國際基金特別時機基金（FIF Special Situations Fund）

1979 年 12 月—2007 年 12 月

---

富達特別價值公司（Fidelity Special Values plc）

1994 年 11 月—2007 年 12 月

---

富達歐洲價值公司（Fidelity European Values plc）

1991 年 11 月—2001 年 12 月

---

富達基金歐洲成長基金（FF European Growth Fund）

1990 年 10 月—2002 年 12 月

---

富達國際基金歐洲基金（FIF European Fund）

1985 年 11 月—2002 年 12 月

---

我不知道這個世界會如何看我，

但對我自己而言，我似乎只是一個在海邊嬉戲的男孩，

不時因為發現一粒光滑異常的石子或

一片特別可愛的貝殼而分心，

而對我面前偉大的真理之海卻視若無睹。

——牛頓（Isaac Newton）

# Part 1

## 我的投資原則與實務

**Principles and practices from a life running money**

## Chapter 1　如何評估公司和會談扮演的角色？

■「均值回歸」是資本主義不證自明的真理。

> 許多現在倒塌的終將修復，許多現在榮耀的終將倒塌。
> ——賀瑞斯（Horace），葛拉漢與杜德在《證券分析》開篇時的引言

> 你應該投資一家連傻瓜都能經營的企業，因為總有一天傻瓜會當上主管。
> ——巴菲特（Warren Buffett）

## 投資這樣的公司就對了

我研究一檔股票總是先從評估這家公司著手。它的營運有多好？它的經營是否可長可久？企業並非生而平等，有些公司比別的公司好，且大多數企業會隨著新競爭或環境改變等因素而起變化。

巴菲特在波克夏公司的事業夥伴蒙格（Charlie Munger），希望了解一家公司在各方面的競爭優勢——市

場、商標、產品、員工、流通管道、社會變遷中的相對地位，等等。他形容一家公司的競爭優勢是「護城河」，一道可以對抗侵略的具體屏障。較好的公司擁有深而堅固的「護城河」。他也認為，長期來看，「競爭的破壞」力量會包圍大部分公司。

一般而言，擁有競爭優勢的專營事業的企業，比專營事業較弱的企業更容易賺錢。一家公司存活的能力很重要。我常自問一個很單純的問題：「這個事業在十年後存活的可能性有多高，會不會比今日更有價值？」令人驚訝的是，有許多企業無法通過這個考驗。它們可能擁有符合今日市場環境和要求的營運模式，但幾乎無法預測這種需求十年後還會不會存在。另一個重要的問題是，一家事業獨立存活的成份有多高：它的存在不依賴周遭總體因素的相對程度。

例如，對利率或匯率極為敏感的企業，相對於不受這些因素影響的企業就較不利。商品出口商就屬於這類敏感的企業。幾年前，我清楚記得研究過一家產品大部分出口到歐陸的中型英國化學公司。它在當時的英鎊兌歐元匯率下營運情況良好，但我研究如果匯率往不利的方向變動15%，這家公司可能喪失所有生意，或至少只有微薄的利

潤。要作出放棄這類投資標的的決定一點也不難。

　　我喜歡投資一些能掌控自己命運的企業，而且對這類總體因素不會太敏感的公司（雖然所有企業或多或少依賴總體環境）。我也偏好適度單純的企業。如果營運模式很難了解，我會樂於放棄──還有很多容易了解的企業可以選擇。有時候確實有可能用幾個比率來總結一家公司的特性，例如，看銀行業者時，股價淨值比與股東權益報酬率的關係極其重要。

　　最近，有一家競爭對手宣稱，壽險公司通常不是好公司，因為間接成本對管理資金的比率可能太高（例如2％），無法創造長期價值，除非作高風險的投資。因此，單憑一項重要的財務比率就足以決定其營運模式是否具吸引力。

　　我尋找的重要特性之一是：一家企業中期來看能否創造現金。我相信能創造現金的企業比消耗現金的企業優秀，而這項因素通常使我在管理投資組合時偏愛服務業勝於製造業。不需要大量資本就能成長的企業特具吸引力。

　　「稅前股東權益報酬率」是判斷企業是否有價值的終極標準。如果必須在創造現金或成長間作選擇，我通常偏好現金，大多數私募股權投資人也是如此。很少企業能持

續長久創造超過10％的複合報酬率。記住，均值回歸（Mean Reversion）是資本主義不證自明的真理。對大多數公司來說，用來評估它們績效的財務統計數字，如銷售成長、利潤或資本報酬率，長期來看都會回歸均值。這也適用在股價，有時候甚至適用在管理的能力！

## 公司參訪

我的投資過程有一項重要步驟，就是訪談企業的管理階層，不管是我已投資或準備投資的公司。在與一家我未曾訪談的公司初次會面時，我會把大部分時間花在提問上，以增進對其專營事業的了解——它的優勢和弱點。第一次會談不一定要見到執行長，「投資人關係部」的人通常就能詳細描述公司的營運，和協助我評估專營事業。當然，之後我也會想拜會高層主管。

這類會談在過去三十年已改變許多。過去許多公司的管理階層很難見到，尤其是歐洲公司，他們常誤解我們想會談的目的。在早期，如果獲准會談，地點一定是在那家公司的辦公室，不管那有多遠。如果是在倫敦，那可能是一場團體會議（通常是在經紀商辦公室的午餐會）。今日，

這類會談較可能是一對一的談話，且地點在我們的辦公室，雖然我們也經常到企業的辦公室作面對面訪談。

今日許多經紀商對他們的機構客戶提供的重要服務之一，就是安排這類會談——美其名叫「門房服務」。我認識的一位經紀商挖苦說，一些企業就像觀光景點或遊樂園，但只對機構投資人開放，散戶投資人恕不招待。他們希望讓投資人相信，他們的股票比「別的公司」更有吸引力，藉以吸引潛在投資人，也讓他們的股東持有股票更久些。這聽來滿有道理的。

## 公司參訪前的準備

在我參訪一家公司前，我必須先弄清楚幾件事。

第一，我會檢視一些圖表，可能是三年、五年和十年的股價圖，看看它過去的股價表現如何。我希望有愈久愈好的本益比、股價淨值比、價格或企業價值對銷售比，以及企業價值對 EBITDA（未計利息、稅項、折舊及攤銷前利益）比的歷史資料——最好是二十年的圖表，或至少經歷一個完整的景氣循環。

我發現，短於十年的資料可能會誤導判斷，因為這麼

短的時間所經歷的景氣循環可能不夠多。我希望能看到今日的股價與過去歷史的比較——它是比過去高、處於平均水準，或比過去低？（當然，愈低就愈能引起我的興趣）

然後，我會看顯示歷來董事交易股票的圖。我會看二十名最大股東的名單（我認為，投資人經常低估股東名單的重要性）。我會檢查股權是分散或集中，例如，是不是只有少數投資人控制這家公司。有時候機構股東的名字代表某種訊息，因為我對機構投資人的評價有高有低，如果我評價高的機構名列清單，就有加分作用。

我也會看內部人士持有公司多少股權。我會看財務實力報告（詳見第七章的H評分）；顯示淨應付部位的圖，以及它長期變動的情況；顯示淨信用違約利差（credit default spreads）的圖，因為它是偵測問題的先期指標，代表這家公司是否受經紀商喜愛，也能顯示機構投資人持有的股權是高或低。

我也會看顯示盈餘預估調高或調降的圖，以便粗略了解平均的預期是在改善或惡化。接著，我要看最新的公司財報和所有正式的新聞稿（我很熱中於掌握最新宣布的消息，以便我與公司管理階層討論的內容能更充實），以及一些新聞報導。就財務報告來說，我向來喜歡閱讀完整

版，因為管理階層花很多時間在斟酌用詞上，而經紀商或媒體的摘要往往忽略了這部分。然後我會閱讀一些最近的經紀商報告，可能的話，正、反兩面的評價都看，再加上我們內部分析師的報告和財務模型。最後，也是最重要的——我會溫習我在之前歷次會談的手寫筆記。

雖然我喜歡閱讀原版的公司財報，我對公司的財測抱持較懷疑的態度。當公司發表財測並說獲利會增加或減少特定金額時，分析師會照本宣科，但我會想知道「為什麼會是如此」，並考慮是不是同意數字所根據的假設。

## 進行會談

在我們辦公室進行的公司會談，通常參加的是公司執行長或財務長。這些會議由我們研究特定公司的分析師主持，而分析師會散發一份他（或她）的問題，加上會議之前製作的最新財務模型。

會議通常持續一個小時到一個半小時（偶爾我也開過較長或較短的會談）。很重要的是，我們會設定議程（除非是與一家公司初次會談，或他們來找我們談特定的交易）。我們會想討論那家公司的財務趨勢，以及策略、最

近的績效和新發展。我們討論趨勢時會深入到數量、價格、毛利、成本、營業利潤、利息成本、稅捐等細節,而且每個公司部門逐一討論。這能幫助我們完整而具體地了解這家公司的財務。

我們也會討論資產負債表上的項目,例如資本支出、營運資金、債務和債務契約。當會談結束時,我們希望感覺已經了解那家公司的營運模式,和影響模式的主要因素;了解它的策略,並對管理階層和他們的動機留下深刻印象;了解其業務和最近的趨勢——在哪些領域表現得好,哪些則不好;他們對營運各部門和整體市場的展望;最後則是充分了解損益的情況、現金流量和資產負債表,以便我們建立比競爭者和經紀商更精密和正確的模型。

我每次總會花最後幾分鐘時間(或最初幾分鐘,也許是在等候同事到齊時),討論這家公司的競爭者或有生意往來的其他業者,例如供應商或顧客。雖然不是所有主管都會談到其他公司,但如果談起來,往往會透露許多寶貴的資訊。當公司推崇一家競爭者時,那是最高的讚美,通常我會很重視這些評論。

事實上,大原則是,當一家公司談到出乎你意料的內容時,我會加倍注意它(例如,通常你預期公司會質疑其

競爭者）。當他們的談話內容是你意料中的事時，例如各部門的營運都很好，我會持保留態度，並且在可能的情況下，要求提供某種形式的獨立資訊。這不是說大多數人會說謊，而是其中可能有許多「穿鑿附會」的說法。看穿這些編造的內容是這個工作最重要的一部分。

最後，營運模式的風險有多高值得你下功夫探究，有些企業的營運模式風險比其他公司高很多。通常這是資產負債表的結構造成的，但有時候是因為該企業的本質就是如此。

最好的例子，莫過於近來的北岩銀行（Northern Rock）。整體來看，它的管理或業務沒有太嚴重的問題（雖然這家銀行可能太著重追求成長），不過它的業務比競爭者更依賴批發資金（亦即依賴其他銀行提供的資金，相對於自己的存款戶）。一旦情勢改變，例如像2007年那樣，批發資金的來源減少，同時成本升高，就可能危及整個營運模式。這正是我們在2007年7月目睹的情形。

重 點 回 顧

- 好公司擁有深而堅固的護城河。
- 如果營運模式很難了解,我會樂於放棄。
- 我尋找的重要特性之一是,這家企業中期來看能否創造現金。
- 我們會設定議程。
- 當公司推崇一家競爭者時,那可是最高的讚美。
- 看穿財報中編造的內容是這個工作最重要的一部分。

# 評估「經營管理團隊」時最重要的事

## ■ 投資你信任的經營管理團隊。

以高明著稱的管理團隊接手管理一家經營不善的企業時,信譽受損的不會是這家企業。

——巴菲特

身為經理人,我們相信坦誠對自己有益。經常公開誤導他人的執行長,最後在私底下會誤導自己。

——巴菲特

了解一家公司的管理團隊就像結婚一樣,你要直到跟這個女孩住在一起才真正了解她。直到你跟管理團隊住在一起,否則無法真正了解他們。

——費雪(Phil Fisher)

## 了解經營管理團隊

多年來我愈來愈重視經營管理團隊的坦誠和正直。在

管理基金的早期，我可能買一家我喜歡其專營事業，但懷疑經營管理團隊能力或誠實的公司。但現在我不會這麼做。

在1980年代末和1990年代初，我從這類公司學到慘痛教訓。雖然有外部董事和獨立會計提供的保護，如果經營管理團隊真想誤導投資人，他們有很大的操作空間，而且可以隱瞞真相許多年。即使經營管理團隊看起來很幹練，如果他們不能開誠佈公，就是個重大缺點。

當我跟一家公司的經營管理團隊會談時，我想評估的是他們的能力、個人特質（例如他們個性是樂觀或悲觀）、他們較看重策略面或操作面、經營管理團隊如何運作，以及最重要的獎賞他們的方式和誘因。我經常發現在初次會談留下深刻印象的經營管理團隊，在後續的會談卻一直表現不如預期，所以我真正希望的是他們能以平衡的觀點，告訴我們有關公司的事，而且能實踐所說的話，甚至更好的是，能不斷做得比計畫更好。

我發現，評估經營管理團隊能力的最好方法是，在一段較長的時間定期與經理會談，而且我們很幸運能夠這麼做。我發現很難只會談一次就對管理團隊作出正確的評估。當你經常與經理人會談，並持續許多年，你會開始長

出觸鬚來，可以偵測出誰具備了合宜的特質，而誰不具備。在今日，如果我對經營管理團隊有重大質疑，通常會放棄這家公司，因為永遠有許多別的公司能通過這個評估標準。

優秀經理人的特質很難三言兩語說清楚，如何在會談中評估它也難以簡單說明，但通常讓我印象深刻的管理者都對其行業有廣博的知識，不管是在策略、營運或財務方面。他們往往對其行業十分狂熱，長時間投入工作，並要求其團隊要有高績效和傑出的表現，除此之外，他們自信卻不自大。

一般來說，我喜歡公司的經理人「自己下海」，而這是指持有相當數量的公司股份（我偏好持有股票勝於股票選擇權，因為後者比較是單向的押注）。我也想確定經營管理團隊和股東有一致的目標。有時候我訪談的大公司資深經理人只持有少量股票，讓我感覺他們的主要誘因只是管理一家大公司的聲望和地位（當然還有薪酬），而不管他們怎麼說，股東報酬率總是排在後面的目標。

近幾年來，我對經理人如何回答問題和他們的身體語言，以及他們對特定問題的反應愈來愈感興趣。有些問題往往讓他們回答時感到不自在（不是我們刻意為難這些經

理人，剛好相反，我們希望富達的訪談讓他們感覺比跟其他機構或避險基金愉快）。還有，我可能以否定的方式問問題，例如，假設我在討論一家英國公司在中國的生產營運，我不問：「你們在中國的營運好不好？」因為回答很可能只是「好」。我會說：「我們聽說一些公司發現在中國的生產營運比當初想像的難。」這應該會得到更有趣和明確的回答。

我的投資過程有一項更重要的步驟，就是觀察內部人的股票交易。我不見得會光憑這項標準採取行動，但有時候它可能印證其他指標顯示的情況。這是企業營運改善或惡化的絕佳領先指標。

每天我會取得一份英國公司內部人交易的清單，根據交易的重要性排序。我會考量交易的規模；是一次性的交易，或牽涉其他內部人的多次交易；交易者有沒有趁機買賣股票的記錄；交易者是執行長或財務長（我會更重視這些人的交易，甚於部門主管或非執行業務的內部人）。

有些董監事股票交易服務業者宣稱，買進的交易比賣出更重要，我只同意這種說法的一部分。我會預期持有大量股票的公司創辦人，在股票表現很好時慢慢出脫持股，因此我對這類賣出持股較不重視（雖然賣出的時機仍會透

露一些訊息）。

　　一些最重要的交易是公司內部人士進行出乎我意料的交易。例如，在股票已經大幅上漲後，董事又大量買進，或股票大跌後，董事又大量拋售。雖然這不常見，但要留意這類交易訊息，因為它們暗藏許多玄機。雖然現在董事往往會解釋他們買賣的原因，但除非我知道確實的個人因素，我不會很重視這類解釋。

　　我學到的另一件事是，「人不會改變」。一般基金經理人任職期間只有幾年，而因為十年或二十年前失敗的創業家有時會重出江湖，而許多基金經理人不知道或忽視他們過去的記錄。我通常會避開這種情況，或者如果我真的投資，我會比正常情況更嚴格檢視這些標的，隨時作好放棄的準備——那些曾讓投資人失望的人，比較可能重蹈覆轍。

　　我建議投資在你信任的經營管理團隊。巴菲特說，他喜歡僱用或投資他樂於把女兒嫁給他的經理人。我想你不必做到這個程度，但他說的確實有道理！

# Chapter 3
# 建立一個投資前提
# ——在你持股之前

■ **你持有的每一檔股票都應該有一個投資前提。**

股票不知道你持有它。

——巴菲特

你應該把股票看成企業的一小塊。

——巴菲特

在新發展尚未被人發現前,股票波動就已開始反應它。

——齊克爾(Arthur Zeikel)

---

我的同事彼得林區曾說,你應該可以用幾個句子總結「為什麼持有一檔特定股票」,而且這些句子連你十幾歲的兒子或女兒都看得懂。這是很棒的建議。這就是你的投資前提,而且我還要進一步說,你應該定期測試這個前提。雖然你的投資前提說明持有一檔好股票的理由,你也應該思考哪些因素會讓它變成一檔壞股票(反前提)。

這是很值得建立的紀律,就是即使你持有一檔股票,

而且知道它的優點，但也能列出可能讓這檔股票淪落「熊」爪下的不利因素。即使一家公司的前景很樂觀，通常也會有一些因素讓特定投資人不喜歡這檔股票，而你應該知道為什麼你不認同各項不利因素。我特別喜歡閱讀不同意我們觀點的經紀商研究，然後與我們的分析師討論，為什麼他們認為經紀商的看法不對。你持有的每一檔股票都應該有一個投資前提。

要不計代價地避免憑著衝動或小道消息買股票。林區常說，他覺得很奇怪，一些醫生會根據朋友、報紙或經紀商的消息，買進石油探勘公司之類的股票，但卻不利用他們的醫學知識，投資在他們較有機會了解內情的生物科技公司——投資在你擁有競爭優勢的領域。

巴菲特建議把股票想成企業的一小塊，這是絕佳的建議。在買股票時，最好的著手方式是，把它看成你以那個價格買下整家企業。不過話說回來，我們並非買下整家企業。我們買的是價格會上漲和下跌的股票。股價增添了一個額外的面向。

最重要的是，你應該忘掉買進一檔股票的價格，否則萬一股價大幅下跌，它會變成一道心理障礙。投資前提就是關鍵；要定期檢視它。如果情勢惡化，那檔股票不再是

買進級（buy），且可能變成賣出級（sell），你應該不管價格是否低於買進價格都得採取行動。

　　想從你目前虧損的股票把錢賺回來，只為了證明當初的前提是對的，這是很危險的作法。投資的基本原則之一是，嘗試從虧損的股票賺錢回來是錯誤的作法。幸好我對數字的記性很差，所以很少記得我買進股票的價格（這一點可能很出人意料）！

　　最近有一位基金經理人問我，如果我持有一檔「投資前提證明錯誤」的股票，但股價後來跌到很便宜，我會不會留著這檔股票呢？我的看法是，如果投資前提已證明錯誤，就應賣掉，即使股價很吸引人也是如此。

　　我從來不為持有的股票設定目標價位，但我喜歡定期檢視投資前提，並評估我的信心水準。我寧可思考信心水準，勝於設定目標價位。我不會去想一檔股票應該有20％的漲幅，或另一檔應該上漲50％。特定的股票價位意味對未來作精確預測，而我認為這通常不可能辦到；價格區間可能較適宜。

　　一般來說，許多投資人喜歡對企業作極精確的預測，認為如果預測精確，就較可能買對股票。這是一個危險的假設，且通常是錯誤的。有時候經紀商會訂出極具體的目

標價位，我相信這是想暗示他們比競爭對手更有能力作預測，但實際上可能並非如此。

短期來看，股價傾向於平衡買進和賣出的力量，並維持在略高於大多數買家願意買進、但略低於賣家願意賣出的價位。這是一個很脆弱的平衡，環境出現些微的變化就會改變這種平衡。

長期來看，大多數股價跟著公司的盈餘走，雖然經過一、兩年後，股價可能與盈餘走向脫勾。預測盈餘因而是專業投資者最重要的工作，而倫敦城的分析師花費大量時間在這方面，但以我的看法，「評估公司營運的品質」還更重要。

當我在評估一檔股票時，會考慮我在本書各章節中深入探究的六大因素。這些因素是：

1. 企業的競爭優勢（第一章）

2. 經營管理團隊（第二章）

3. 財務（第六章）

4. 股價相對於歷史水準高低（第八章）

5. 公司被收購的可能性（第九章）

6. 技術分析（第十二章）

## 重點回顧 **Key reviews**

- 你應該可以用幾個句子總結為什麼買進某家公司的股票,而且要連你青春期的兒女都能理解這些句子。

- 你應該忘掉股票的買進價格。

- 我從來不為持有的股票設定目標價位。

# Chapter 4　信心，是交易時常被忽略的額外面向

■ **成功的投資必須堅持自己的立場，同時傾聽市場的聲音。**

　　你的合夥人之一叫市場先生，他確實非常熱心。每天他會告訴你，他認為你的投資價值多少，還提議買下你的持股，或賣給你更多股票。有時候他對股價的看法似乎很有道理，而且符合你對那家企業發展與展望的了解。但另一方面，市場先生經常讓他的熱情或恐懼失控，他提議的價格讓你覺得近乎可笑。

——葛拉漢（Ben Graham）

　　我投資的中心原則是違反眾人的意見，我的理由是，如果每個人同意一種投資的好處，這個投資不可避免的會太貴，因而不具吸引力。

——凱因斯（John Maynard Keynes）

---

　　長期來看，股市會反映企業真正的價值，但在短期，它反映的是投資人願意購買企業的價格，而這可能和它們真正的價值大不相同。這裡我引用凱因斯談論股市的話，他說選股就像選美會一樣，「較重要的是選擇評審認為最

美的女孩，而不是你認為最美的女孩。」再借用葛拉漢的一句話，他說：「股市比較像一部投票機而非磅秤，至少就短期來說是如此。」別忘了這句話。我在這個行業愈久，就愈發現感覺和現實一樣重要。

從股市的觀點看，當所有人都同意一件事時，就最可能是錯的。感覺極其重要，因為當它發展到極端時，可能掩蓋一檔股票原本的價值很久的時間。我花很多時間分析哪些類股和公司遭投資人和股票經紀商過度冷落，還有哪些類股和公司則是遭到過度喜愛和持有。一般而言，持有前一類股票的風險較低，持有第二種遭過度喜愛的股票風險較高。同樣的，正如許多我重視的因素一樣，我不會只憑這個標準買進股票，但它確實是我做買進和賣出決定時，最重要的根據之一。

股市的另一個特質是，我們很難自外於個別股票價格的波動——人人都或多或少受影響。讓我進一步解釋：最近幾年，我定期會到義大利托斯卡尼的馬爾密堡（Forte dei Marmi）度假。如果你到海灘，會有人過來兜售衣服、食物、珠寶、皮包和手錶。要是你對特定的東西感興趣，你得討價還價。通常我的作法是讓小販提一個價格，然後殺價到四分之一。不過有趣的是，他們可能馬上同意我自

認公道的第一次還價。

如果我說我願意付50英鎊買一只包包，而小販立即接受我第一次還價，那會讓我很失望，我會感覺我出價太高了。股票也有類似的特性，例如當一檔股票以100便士掛出，你計算後覺得70便士是買進的好價格，如果股價後來跌到70便士，你會開始懷疑自己的計算——你會下意識地想，也許賣家知道你不知道的事。價格本身會影響行為——股價下跌製造不確定性和憂慮，股價上漲則製造信心和信念。了解這一點確實是投資很重要的一部分。

股票經紀人都知道，賣一檔呈現上漲趨勢且受人歡迎的股票給你，比賣一檔下跌趨勢和被人冷落的股票容易，因為這就是人性。優秀的投資人必須不斷嘗試抗拒這種傾向。正如巴菲特說的：「關鍵在於股市基本上只是設定價格，因此它的存在是為你服務，不是指示你。」價格確實隱含訊息（否則技術分析師將無用武之地），但別過度受它們影響。

行為科學對典型的投資人行為提出許多有用的看法，以下幾點值得參考。總結來說，成功的投資混合了堅持自己的立場，同時要傾聽市場的聲音。如果你太著重一方而忽略另一方，就不會成功。

| Tips 1 | 我們必須保持開放的心智。一旦買進股票,我們就會對買進決定是錯誤的看法變得較無法接受。對違背初始假設的證據也開始充耳不聞。 |
| --- | --- |
| Tips 2 | 我們必須獨立思考,不受他人影響。群眾不同意你的看法,並不代表你是對或錯。 |
| Tips 3 | 許多所謂的專家其實不是專家。許多專家從不改變他們的看法。他們對世界或公司永遠保持正面或負面的觀點,明知他們只可能部分時候是對的。令人訝異的是,有幾份市場通訊採取這種策略,卻能吸引大量讀者。 |
| Tips 4 | 我們都自認比實際更會投資。我們都過度自信,而特別要注意的是,別讓市場大漲沖昏了頭。 |
| Tips 5 | 我們通常最容易受剛發生的事和最近的價格影響。最先想到的合理解答,對我們的影響最大。 |
| Tips 6 | 我們在獲利賣出時過於保守,而在停損賣出時又太遲緩。 |
| Tips 7 | 我們應該問自己,如果我們持有一種股票,我們在這個價格會再買它嗎? |
| Tips 8 | 投資人低估了近來不曾發生的罕見事件會發生的可能性,而當它們發生時又高估其發生的可能性。典型的例子是颶風對保險業的效應。經過嚴重的颶風季後,投資人往往認為明年還會一樣嚴重。投資人特別容易受到近日經驗的影響,這一點極其重要。 |

## Key reviews

重 點 回 顧 ⋯⋯⋯⋯⋯⋯⋯⋯⋯⋯⋯⋯⋯⋯⋯

- 我在這個行業愈久,就愈發現感覺和現實一樣重要。
- 價格確實隱含某些訊息,但別過度受它們影響。

# Chapter 5　我如何建立股票的投資組合？

## ■ 投資組合應該反映它是「從無到有」建立的。

美國最富有的人並非靠五十家公司的投資組合建立起財富，而是靠辨識一家優秀的企業而賺大錢。你在作每一筆投資時，都應該有勇氣和堅定的信念把至少10%的淨值投在那檔股票上。

——巴菲特

只有在你已找到比持有的股票更划算50%的新股票時，才賣出手上的股票。

——坦伯頓（John Templeton）

當投資人專注在短期投資時，他或她注意的是投資組合的可變性，而非報酬——簡而言之，被隨機性給愚弄了。

——泰力布（Nassim Nicholas Taleb）

---

雖然選股是建立投資組合的核心，但如何組織個股成為一個投資組合也很重要。儘管巴菲特可能說，大多數投資組合都太分散，而好的投資點子卻不夠多，但大多數專業投資經理人會持有至少四十到五十檔股票。

就我而言，我管理的資金規模逐年成長，到最後不得不分散我的投資組合。我這麼做是為了維持投資在許多檔中、小型公司的一貫策略。許多觀察家誤認為我偏好持有許多股票，實際上並非如此。

我理想的投資組合會包含五十檔持股。我管理投資組合從不考慮指數的組成。我很清楚我的部位哪裡過重或過輕，但通常我並非刻意削減我沒有信心的過輕股票。除非我認為股價異常，通常不會想持有該股票。我不會只因為一檔股票占指數權值的一大部分權值而持有它，除非我對它非常有信心。

另外，我不會花太多時間在績效歸因分析。我堅決認為，太多績效分析會導致基金經理人花太多時間在看後視鏡，和矯正昨日的過錯，過度注意已發揮的效益，而較少發掘未來可能的績效。大多數投資人今日想做他們昨日就該做的事。如果你剛過了很差的一週、一個月或一季，有些投資組合經理人可能以為，研究過去的績效可以幫助創造未來的好績效。

可惜投資不是這麼回事。你沒辦法說，我以前績效不好，現在我會更努力，所以一定會做得更好。努力和績效之間幾乎沒有短期關聯。當然，你應該從過去的錯誤學

習，但這無法保證未來就會更好。關於投資組合，我會檢視三個問題：

1. 我的投資組合是否盡可能符合我的「信心」水準？
2. 我知不知道我承擔的風險？
3. 最後，我能不能從錯誤中學到任何東西？（幾乎一定能）

　　一個投資組合應愈可能反映它是一個「從無到有」建構的投資組合──也就是說，如果你以現金建立一個新投資組合，你會持有哪些股票，以及每一檔股票的權重會如何？我每個月會做一個練習，用來幫助測量我的信心。

　　我會在一張紙最上一行寫下五個標題：「強力買進」、「買進」、「持有」、「減碼」和「？」。然後我把基金持有的每一檔股票，各列在這五個標題下。這麼做除了幫助我確認信心外，它也能突顯我必須再多研究哪些股票。例如仔細檢討每一項加分和減分、從我的分析師取得更多資訊，或者如果我們很久沒和那家公司會談，就可能約見其主管──量化你的信心水準是成功投資很重要的一部分。

　　巴菲特說：「查理和我寧可辛辛苦苦賺取每年15％，

勝過穩穩當當的12％。畢竟我們的獲利每天和每週都起伏不定，我們何必要求它像地球繞行太陽的軌道那樣的穩當。」這段話總結了我的投資方法。

我一向為投資組合設定最高的長期平均報酬率，即使這可能使每一年的績效更起伏不定。我知道這比較不符合一些現代的風險衡量方法。就投資組合風險，以及了解投資組合中類股與個股的狀況來說，你也應該留意投資組合出現出乎意料之外的風險（例如持有太多承受匯率風險的公司）。不過，我認為投資組合大部分的風險是在股票這個層次，這也是我風險控制的重點。

投資管理最重要的就是犯錯的多寡──50％到60％的「命中率」算是好的。要獲得好績效，你只需要少數幾檔贏家，並且能夠避開輸家──嘗試靠「不常輸」而贏。記住，平均來說，你每五個投資決定至少有兩個會出錯。可能犯錯的其中一個原因，是因為你買進股票後發生一些變化；另一個則是因為一開始你的前提就是錯的。

我買進個別股票的數量，通常反映我對這檔股票的信心、它的風險高低、股票的市場性，以及我和富達持有該股票的比率。我們設定持有任何一家公司股票的上限為15％。然後我會隨著我對股票的信心水準改變，而改變持

股數量，也許在一次公司會談之後，或因為公司發布新消息而增加持股，或者，在股價上漲之後，或因為資產負債表惡化而減少持股。

因為我管理的投資組合很大，我的政策通常是從持有一家公司25個基點（投資組合的0.25％）開始。隨著我的信心增加，在前面提到的限制下，我會提高持股到50個基點（如果我管理較小的投資組合，我會從50個基點開始），然後100，然後200，最後到400個基點。

偶爾我持有的超大型股可能超過400個基點，但大部分時候必須是富時100指數的公司，我才會持有超過200個基點。我持有這麼多公司的股票，並朝特定的方向前進，直到發生讓我改變方向的事。重要的是，我通常不會一次大幅調整我的持股數量，我的動作大多是漸進的。因此當信心增強時，我處在增加持股階段，而在發現股價已反映（利多題材或業績）時，通常我會開始減少持股。投資很少是黑白分明的。

常有人問及我的賣出原則。首先，我會避免與我的持股有任何情感牽連。我賣出股票有三個主要理由：

1. 如果投資的前提被推翻。

2. 如果股票達到我的價值目標。

3. 如果我發現更好的股票。


我常發現，有一個好方法可以測試我對一檔股票的信心，就是找另一家我喜歡的同類型公司，並直接比較兩檔股票。在正常情況下，在一對一比較兩家公司並考量所有相關因素後，我偏好哪一家公司就會很清楚。

基金經理人常有「買進太多股票」的傾向，特別是在多頭市場時，因為他們發現喜歡的股票太多了。一對一直接比較股票是減少持股清單的好方法。空頭市場或盤整階段尤其是重新檢討所有持股投資前提的好時機，這麼做可以去掉你較不具信心的股票。我通常會在空頭市場減少我的持股數量。

我向來會列出一份「觀察名單」，上面是我認為可以買進，但還沒有足夠信心採取行動的候選公司。我的作法之一是保留屬於這類公司的報告（包括內部和外部的報告），和從公司會談取得的資料，並按字母順序放在我房間的架上。通常我每季會溫習一次，以決定是否還想把它們留在觀察名單裡。一些同事看到我做這種過濾，逐一翻閱這些候選公司成堆的報告和研究，他們常問我為什麼不

叫助理做這件事。他們不知道重溫這些股票，可以幫助我決定信心水準。

我溫習資料時，會把股票分成三類：

1. 我想更深入研究後開始買進的公司。
2. 我會繼續留在觀察名單一季的公司。
3. 以及會從名單去除的公司（當然，我可以在一季中間隨時重新研究一檔股票）。

我自己為持有的所有公司建檔，內容包括所有最近的內部分析師報告、重要的外部報告和財報資料。其他還有我在公司會談的筆記影印本。每次進行公司會談之前，我一定會參考這些檔案。

投資組合經理人必須在「攻擊」投資與「防禦」投資之間保持平衡──「攻擊」是尋找新的潛在投資，「防禦」則是監視既有的持股。投資組合的股票數量少時，這不難做到。不過，當管理有眾多持股的大型投資組合（我曾經有過多達200檔持股的投資組合），經理人就會傾向花太多時間在「防禦」投資，而忽略了「攻擊」。

我避免自己落入這種陷阱的作法之一，就是利用我們

內部的分析師團隊協助我作「防禦」投資，讓我可以把大部分時間花在尋找點子上。這是有大型內部研究團隊的好處之一。

**Key reviews**

重 點 回 顧 ............................................................

- 我管理投資組合從不考慮指數的組成。
- 別花太多時間在績效歸因分析。
- 投資管理最重要的就是犯錯的多寡。
- 空頭或盤整階段尤其是重新檢討所有持股投資前提的好時機。
- 投資組合經理人必須在「攻擊」和「防禦」投資間保持平衡。

# Chapter 6　我如何評估公司的財務報表？

■ 當你對一家公司的營運有疑慮的時候，只要跟著現金走。

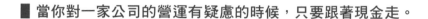

現金是事實，獲利是看法。

——雷巴波特（Alfred Rappaport）

在富達，我們引以為傲的是用來追蹤公司的財務模型。我們的分析師都會預測追蹤他們研究的每家公司兩、三年的獲利和虧損記錄、現金流量報告和資產負債表。每一位分析師都花費大量時間和精力在他們研究公司的模型上。當投資組合經理人和分析師討論股票時，其中部分討論會牽涉模型（不談模型幾乎無法深入討論股票），而投資組合經理人往往交叉檢驗分析師的假設，以及模型的細節。

模型最重要的產物之一就是盈餘預測。然後我們會比較所謂的「聰明街」（smart street）——即最優秀的一群經紀商分析師——對特定公司的預測。拿我們的預測與「聰

明街」作比較是投資過程中一項重要的動作。對我的一些同事來說，這是最重要的資訊，他們很少買進我們的預測比「聰明街」低的股票。對我來說，這是個重要資訊，但我會與許多別的資訊併用。

偶爾我會買我們的預測低於聰明街的股票，特別是如果股價有足夠吸引力，而且我知道需要花一段時間建立持股時。今日的試算表讓準備模型比過去容易得多，但試算表的關鍵在於它背後的假設，這是真正思慮的精華所在。

我剛跨入倫敦城時，對會計了解很少，而且認為永遠也搞不懂公司的財務報表。雖然多年來我未曾接受過正式訓練，我自己學會閱讀財務報表，並且還變得相當精於分析財報。能解讀財報是這個工作必備的條件。

我在別的地方討論過充裕的自由現金流量的吸引力，以及這是我評估公司時尋找的特質。如果對一家公司的營運有疑慮，只要跟著現金走。此外，我也相當重視資產負債表。我從經驗學到的另一件事是，閱讀財務報表要很仔細看附註。公司的重要資訊可能隱藏在附註中（有時候它們希望這些訊息被你忽略掉）。

雖然我一向喜歡閱讀公司的原始財報，但我會特別注重股票上市或發售的文件內容。公司在這些文件記載的聲

明都必須經過獨立認證（不像公司的一般聲明），因此公司較難編造或發表沒有證據支持的內容。這些文件因而特別有用，尤其是還沒過時的內容，因此，在評估新公司時，我發現這類文件是很好下手的地方。

就投資機會來說，首次公開發行股票（IPO）因為是由賣家決定股價與發行時機，所以往往較不具吸引力。這在由私募股權業者賣出全部或大部分持股的情況時，尤其如此，雖然賣家還是會留給買家一些利潤。

在過去，公司的說明資料只在私下會議提供給機構投資人。今日，這種報告和公司所有宣布和財務資料通常在公司網站就可取得，所有人都能參閱。我強力推薦閱讀這些資料的原始版本，而不要依賴二手的摘要，例如經紀商的通訊文件。網站已大幅降低投資人獲得資訊的難度，我建議讀者充分利用它。

## 重點回顧  Key reviews

- 試算表的關鍵在於它背後的假設。
- 不要依賴二手資訊。

# Chapter 7 我如何評估風險？

**■ 當經營環境惡化時，高槓桿的公司風險特別高。**

　　絕不要不了解一家公司的財務狀況就投資它。股票最大的虧損來自於資產負債表最差的公司。

——彼得·林區

　　即使在二十世紀末的瘋狂年代，華爾街有許多人仍保持相當理智。但他們也很沈默。整體金融界對金融界的責任感不只是淡薄，而是近乎沒有。也許本來就是如此。在主要關心的事是賺錢的金融界，運作的基本法則是自求生存，也讓他人生存。大聲反對瘋狂可能會毀滅屈從瘋狂的人。因此華爾街的智者幾乎總是沈默以對。愚者因此獨占了遊戲場。

——高伯瑞（John K. Galbraith）

---

　　當我分析過去多年來犯的最大錯誤時，我發現它們總是發生在資產負債表最弱的公司。當一家資產負債表很弱的公司出了差錯，股票投資人蒙受的損失將最大。專業投資人的工作就是在挑選贏家時避免犯大錯。大多數基金經

理人都能選出一些贏家，但優秀的投資組合經理人與平庸之輩的差別，往往在於能持有較少輸家。

許多基金經理人就是不夠重視資產負債表的風險。在我管理基金的最後一年左右，我表現最差的四檔股票是Isoft、SMG、Erinaceous和Johnson Services Group。這四家公司都背負沈重的債務或負債，使得一旦營運惡化——它們確實也都惡化——股東權益就要承受高風險。

幸好根據我的規劃，這四家公司的持股都不多。買進一家高槓桿的公司，就跟以融資買進一家無槓桿的公司一樣。通常當情勢開始變差，銀行會強迫公司處置資產，但市場總會發現它們是被迫變賣資產，於是提出的價碼會低於公司和投資人認為應有的價值（這也是對高槓桿公司估價採用部分加總估值法一定會有的風險之一）。

長期以來，我使用一種服務叫「公司觀察」（Company Watch），藉它協助我注意資產負債表較弱的公司。有時候一家公司財務不佳明顯可見，有時候卻非如此。「公司觀察」會計算它追蹤的每一家非金融業者的健康分數（H-Score），稱得上二十一世紀版的Z分數（Z-Score）。

為了預測任何公司的問題，它會比較大量企業財報樣本，分析過去發生財務困難的公司（失敗組）和財務健全

的公司。「公司觀察」建立可應用在任何公司的數學模型，用來判斷公司是否顯露「失敗組」的特性。公司被給予從0分到最強健的100分的財務健康分數。分數低於四分位數以下的公司就具備了足夠的失敗公司特性，因此處於脆弱地位。25分以上的公司發生財務困難的情形極少見。

這個模型包含七種主要互動標準，各項比率都以數學方式處理和加權，然後加總得出一個分數，即健康分數。H分數的七項標準也各有分數，可用以顯示和評量任何公司過去五年的財務優點和缺點。每當公司發表財務報告，分數就重新計算一次。

健康分數是每次我研究一家公司都會用到的資訊之一。我投資組合裡的任何公司若分數低於最弱的四分位數，就會引起我特別注意。就像技術分析一樣，我並非從不持有圖形差或健康分數低的公司，而是如果我持有，我會張大眼睛，特別注意那家公司的進展。如果出現差錯的跡象，它們就是必須及早賣出的股票，即使這表示得認賠賣出。

在經營環境惡化時，高槓桿的公司風險特別高。一般而言，我持有這類公司的股票數量，會比資產負債表較強的股票少。分數位於最低十分之一的公司，是風險最高的

公司。此外，我也仔細觀察過去得高分，但後來跌落四分位數以下的公司。我也會注意原本強健，但健康分數持續下滑的公司，以及健康分數起伏不定的公司。

大多數經紀商的分析師很少分析資產負債表，這點一直讓我感到很驚訝。有時候我會讀到某家我知道資產負債表很弱的公司，但報告裡卻完全未提到。在看債務時，你應該同時看銀行債務和債券餘額（雖然讓公司陷入麻煩的通常是銀行債務），以及了解像未來應支付帳款等其他債務。你應該了解債務組合（特別是一年內到期的債務有多少），以及與債務有關的契約。

有些公司的債務水位隨著季節變化很大，或每月、每季都大不相同。在這類情況下，半年或年底的絕對債務水準可能令人誤解這家公司財務地位強健。除了債務數字，你也應該探究淨利息數字，從中可以看出平均債務水準是否升高（我們通常在會談中問這類公司，過去一年的平均債務有多少，以及債務的季節型態，這些資訊都不是公司平常會公布的）。

最後，雖然大多數公司在擴張時會消耗現金，在縮編時會釋出現金，但也有例外。例如，許多承包商有一項顧客預付款，在縮編時反而會消耗現金。你應該注意這類特

性。「公司觀察」每兩週會寄給我一份危險公司（分數低於四分位數者）、新落入危險區公司，以及脫離危險公司的清單。這是我定期必讀的資料。

為了進一步檢查較高槓桿公司，很值得看看它們的債券交易（如果有交易的話）。我有時候看到一些公司的股票投資人很高興債券投資人以高折扣購買債券。我寧可和這類債券投資人沒有瓜葛（如果債券不值它們的票面價值，股票可能值更少）。基於同樣的理由，你也應該注意公司的信用違約交換（CDS）價差。

雖然買進資產負債表較弱的公司是我最常犯的錯誤，但我還想再提出兩項投資不利因素：

1. 買進專營事業表現不佳的公司。
2. 買進管理團隊不佳、管理團隊從事可疑行為，或管理團隊對投資人不坦誠的公司。

在多頭市場進行時，投資組合經理人必須注意是否鬆懈戒心，以致買進營運或管理品質低落的公司。正如葛拉漢說的：「在經營環境有利時買進低品質的股票，就是高風險投資。」

在我管理基金最後十五個月期間，我藉由期貨合約和持有股票來放空個股。在尋找放空目標時，通常我找的是與我作多股票完全相反的特質（例如，資產負債表不佳、可疑的管理團隊、專營事業績效不振、股價高、機構持有比率高、受經紀商青睞、股價已經表現很好而不太可能被併購。當然，通常你找不到具備所有這些特性的股票，但我會嘗試尋找有其中數項的股票）。

對大多數投資組合經理人來說，能像空頭專家那樣思考是很好的訓練方法。我嘗試釐清哪些因素最容易讓股價下跌，還有企業的弱點是什麼。如果你清楚一家公司可能出什麼問題（知道反投資前提），你就可能比別人更看得出即將出問題的事實。

如果要找一檔股票的缺點，有一個有用的辦法，就是去推想在什麼狀況下股價會跌到目前水準的一半。你能不能想像出一個可能的情境，讓你相信股價會腰斬？如果你能，當心！它很可能會發生！

最後，記住壞消息不見得能傳千里（正如本章開始的高柏瑞引言所說的）。體系裡有許多因素會嘗試隱藏壞消息，而投資經理人的工作就是嘗試發掘它。有些人一定知道一家公司內部出了什麼問題，但他們不會對外說出實

情。只有靠勤勉地和一些消息來源談話（通常不列入正式記錄），你才能真正了解情況。要拼湊出整個拼圖可能得花許多時間和精力，例如在李森（Nick Leeson）的霸菱銀行醜聞中，交易對手知道出了問題，但他們有強烈的誘因不對外透露訊息。難怪在貝爾斯登宣布有大麻煩之前，有些人已知道問題所在。

當然，大部分的公司會利用舉債，而通常債務不是壞消息。利用舉債的公司可能為股票投資人大幅提高報酬率。今日有些公司的資產負債表效率低落，股東應該要求增加舉債。如果我回到管理基金的時代，而且能避開每一檔健康分數低於四分位數的股票，我可能會錯失幾檔贏家股，但我相信我會避免大多數犯過的錯。

重 點 回 顧 ⋯⋯⋯⋯⋯⋯⋯⋯⋯⋯ **Key reviews**

- 專業投資人的工作就是在挑選贏家時避免犯大錯。
- 對大多數投資組合經理人來說，能像空頭專家那樣思考，是很好的訓練方法。
- 壞消息不見得傳千里。

# 我如何評估股價？

■ 我們擁有幾個羅盤，其中之一就是歷史價格。

---

　　總結我的投資策略就是——買進我認為在股票市場價格不合理的股票，然後等待這個不合理被修正。我很難得買進我認為股價已經正確的股票。由於「確定不合理」比「知道何時會修正」容易，所以時間站在我這邊，我有充裕的時間。

　　通常我買進的期間為一到兩年，長期的平均持股時間維持在相當一致的十八個月。不過，我很能保持耐心，如果我仍然相信我的投資前提正確，必要的話我會等待好幾年。我的分析師常告訴我：「是的，安東尼，這檔股票確實很便宜，但我看不到短期的轉機。」我告訴他們，根據我的經驗，很難得能同時看到股價被大幅低估和修正股價的轉機（如果轉機那麼明顯，股價根本不可能被低估）。買進便宜的股票（尤其是公司的資產負債表又很強健），

你便擁有安全保證。

　　由於我持有的是一個「股價異常」的投資組合，所以儘管其中有些股票處於「孕育」階段，通常我會發現有幾檔的價格正在變化和開始出現修正。由於我管理的是大型投資組合，及早買進才能讓我累積夠多的持股而不愁沒有賣家；一旦股價開始明顯回升，這類股票便愈來愈難買到。

　　我發現，股價異常較可能發生在中型股和小型股，這也是我專注在中小型股的原因之一。不過，偶爾這個原則會有變化，就像過去一、兩年的情況，許多英國最大的公司股價相對落後市場。

　　我們航行在投資的茫茫大海時，擁有的少數羅盤之一就是歷史股價。我在前面章節提過，我喜歡了解個股或類股的長期歷史股價，可能的話長達二十年或更久，但至少包含一個完整的景氣循環。知道某類公司或特定產業的正常股價區間，對投資極為重要，尤其是在股價出現異常高或低時。

　　當然，如果公司的營運組合隨著時間演進而改變，歷史股價就沒有太大用處。在股價處於相對歷史低檔時買進股票，能大大提高你賺錢的機會；在相對高檔時買進則會增加你虧損的風險。這個原則一直是我投資策略的核心。

我最常被問到的問題是：我用來估測股價的標準是什麼？我的回答總是：「我沒有標準。」事實上，我認為固守一種標準很危險。

　　我對大部分標準都會同時從相對和絕對的基礎看待。雖然我們大部分是做相對的比較，但也絕不要忽略絕對股價，尤其是在市場處於極端情況之下。對大多數公司來說，特別是對非金融業，我主要會檢視以下五項比率：

## 1. 傳統的本益比（P/E）

　　通常我以這個價格比率來預測本年度和未來兩年的盈餘。除了絕對本益比外，我也會看相對本益比。

## 2. 企業價值（EV）對總現金流量（gross cash flow）的預估比率

　　或檢視EV/EBITDA（未計利息、稅項、折舊及攤銷前利益）率，藉此確定EV經過少數股東和退休基金赤字等項目的調整。

## 3. 預估自由現金流量

　　亦即「公司預期每股創造的現金除以股價」，這也是我會考慮的比率之一。

## 4. 股價營收比

最好是看EV營收比圖（這些標準對虧損或低獲利的公司特別有用）。

## 5.現金流量投資報酬率（CFROI）

衡量CFROI，以及股價相對於投資資本的表現這兩者的關係。企業的收益率若高於無風險收益率，股價表現往往會高於它們投資的資本，反之亦然。

我利用這類估價的主要來源是CSFB Holt、Quest（柯林斯史都華公司 [Collins Stewart] 旗下的部門），和德意志銀行採用的CROCI法。這類估價工具在過去十到十五年才開始崛起，我特別把全部的三種方法用在篩選可能的買進目標，和用來交叉檢驗其他方法，雖然它們在現金流量折現估價方面都有一些缺點。

此外，你必須知道哪一種估價法最適用於何種產業。例如，市價對調整後淨值比最適用於住宅營建類股。本益比對這類股票沒有多大意義，因為這個產業的土地出售獲利有一次性的特質。儘管如此，我總是很訝異一些著名的投資人在描述這個產業的吸引力時，會舉本益比來作說明。

有兩種我很少使用的方法，它們是股價對預期成長比

率（PEG），和股利折現或現金流量折現模型。我發現PEG比率主要被「成長型投資人」採用，多於被「價值型投資人」採用。但我擔心其中的邏輯問題，例如，一家有五倍本益比的企業每年成長率為5％，另一家十倍本益比的企業每年成長率為10％，或者二十倍本益比的公司每年成長20％，它們的PEG都一樣，應該同樣具有吸引力。我會選擇五倍本益比而每年成長5％的公司。

有關像股利折現或現金流量折現這類折現模型，它們會對股利或現金流量作連續十年的具體預測，最後在企業假設達到成熟狀態時計算出一個最終值。然後這些數字都以一個折現率，折現加總成今日的價值。

這種估價法的問題是，大多數價值來自未來四或五年後，而非未來兩、三年。根據我的經驗，要精確預測未來兩、三年就已經夠困難了，何況是四、五年以後。改變後面幾年的假設可能大幅改變今年的估價，因此我只用這類估價來交叉檢查，同時很清楚它們的缺點。我一開始不看收益率，因為長期的股利受到盈餘影響，因此我寧可看盈餘估價（不過，收益率在預防股價下跌風險很有用）。此外，我也會檢視其他估價工具，例如分解價值（break-up value）。

但投資人應該了解，有一些估價法比其他方法更「耐用」。我的意思是，在多頭市場時，我發現經紀商用來解釋價值的估價工具往往愈來愈不保守。特別是分解估價法若不根據現金或一級不動產等硬價值來評估，往往在多頭市場會高估價值。在空頭市場時，情況剛好相反，也許在愈後來一些較保守的方法如股利收益率，被談到的次數會更加頻繁。即使一家沒有獲利的公司，聰明的經紀商也總是能找到一些比率，讓它的股票看起來更有吸引力！要當心這些較不保守的估價方法。

**Key reviews**

重 點 回 顧

- 買進便宜的股票，你便擁有安全保證。
- 在股價處於相對歷史低檔時買進股票，能大大提高賺錢機會。
- 絕不要忽略絕對股價。
- 在多頭市場時，估價工具變得愈來愈不保守。

# Chapter 9

# 我怎麼看可能是「併購目標」的股票？

■ 偏重中小型公司將幫助你提高持股公司被收購的機率。

---

持有股票的好處之一是，偶爾它們會被溢價收購。併購案的平均溢價大約是最後交易價格的25％到30％，有時候在有競購的情況下，溢價還可能遠高於此。我相信藉由辨識較可能成為併購目標的股票，投資人可以增加投資組合中的股票成為併購目標的機率。

大型股鮮少遭到出價併購，因此偏重中型和小型公司將幫助你提高持有的公司被併購的機率。這個道理很簡單，但經常被人忽略。

通常有兩類出價併購者：從事類似行業（但並非絕對）的工業公司，以及私募股權公司等財務性買家。就第一類來說，你應該能辨識較可能展開整併的產業。我記得過去英國有許多上市地區性電視公司。這些公司今日大多已併入ITV，而且是一個眾所皆知的過程。

類似的趨勢發生在菸草業，許多國家的業者合併成少數幾家全球性公司。在一些例子裡，反獨占法規意味有些併購不可能進行，因此必須了解這些背景，以及哪些產業較不會有國內的獨占問題，例如菸草葉。

## 為什麼會有併購？

雖然私募股權業者的併購有時候是出於產業理由，但通常是特定公司的財務特性吸引私募股權的興趣。在其他條件相同的情況下，出價併購者偏好有穩定、可預測現金流量的公司。這是因為併購後的新公司可能承擔大幅提高的槓桿（債務），超過管理團隊以前在有外部股東的情況下願意採用的槓桿。

由於私募股權買家可能提高公司財務槓桿，導致大部分利潤被用來支付利息，通常他們不會支付很多公司稅，因此根據EV/EBITDA的估價便特別重要。他們願意支付的價碼將取決於銀行家對這類交易的胃口，以及債券市場的市況。

2007年頭幾個月是私募股權交易特別熱絡的時期，銀行願意以極少或沒有限制條款的方式提供貸款（這非常

罕見）。KKR以110億英鎊收購聯合博姿（Alliance Boots），就併購價碼和交易規模來說，創下那個循環的最高紀錄，我想我們要經過很久才會再看到那種盛況。在大多數狀況下，吸引私募股權買家的財務比率和吸引價值型投資人的比率類似（同樣的，讓投資人倒胃口的條件也會使私募股權退避三舍，例如退休基金責任相對於市值偏高）。因此，採用價值策略應該能增進你持有可能被併購公司的機會。

私募股權未來很可能繼續在市場扮演重要角色，一旦目前的消化不良過去，上市公司轉私人公司的併購交易還會恢復，尤其是私募股權的基金愈來愈龐大，使它們除了在股市進行上市轉私人併購交易外，收購大型公司的機會將愈來愈少。我們已看到2008年有幾樁較小的交易，還有一些業者以折扣價買回它們2007年交易的債務。

另一個我在前面章節談到、且能從中找到併購線索的方法，就是分析股東名單。首先，如果一家公司有一位或一群有控制股權的股東，就像許多歐洲公司那樣，併購就得由他們決定。不過，只有一、兩位無控制股權大股東的公司，股東的力量就較薄弱，還有由少數幾家機構股東控制的公司也是。

這類股東給了收購公司股票的「可選擇性」（optionality）。出價併購者將知道，如果他們獲得這兩、三位大股東的同意，他們就很可能成功。無控制股權大股東，且擁有許多現金剩餘的公司特別容易變成目標。大多數出價者希望獲得超過90％股東的接受，雖然只要超過50％就表示他們已經成功。若有90％的支持，他們可以強制收購其餘股份。

　　部分私募股權出價者需要知道他們能達到的比率，因為他們的融資結構要看能否100％取得目標公司的現金流量。因此，持有10％的股東在這類出價併購時很有份量，在某些情況下有能力阻止併購成功。

　　有時候富達的持股還不到10％，但聯合其他一、兩家股東就能達到這個比率，而我們和其他股東認為價碼太低，就會決定不接受出價。在我的經驗裡，其他機構的堅持力可能不如我們大，我曾碰過幾個案例，起初他們同意我們的看法，但隨著出價進入最後階段，他們逐漸改變初衷，也許是不希望最後持有未上市公司的股票。

　　在我們擁有10％影響力的例子，我們曾成功拒絕併購提議，繼續留在後來的未上市公司裡，最後股權被買走，或看到公司以高出很多的價格重新上市。

不過，不是每個例子都很圓滿順利，其中一樁較顯著的例外是一家叫Sinclair Montrose的公司，其主要營運是供應短期醫師與護士人力資源給醫院。我們認為私募股權的提議價碼太低，並在公司下市後仍留住我們的股票。一、兩年後，經營環境出現重大變化，這家公司最大的顧客英國國家健康服務局（NHS）開始與他正面競爭。這是很糟的發展，獲利因而隨之遽減。和投資上市公司不同，我們即使想認賠退出也找不到機會。

　　我們從成功的併購案獲利可觀的例子之一是，從英國電信（BT）分割成立的行動電信業者MMO2。在分割後不久，我問執行長對中期營運的看法，他坦言認為將來會被其他大型電信公司併購。幾年之後果然他們被西班牙電信（Telefonica）買下。就是這句話加上這檔股票吸引人的特質，讓我決定長期持有MMO2，並成為我最大持股之一。當時我看好MMO2勝過伏得風（Vodafone），因為後者被併購的機會很小。

　　許多投資人經常根據小道消息進出股市，尋找他們認為「短期可能被併購」的股票。以我的看法，這通常只是為經紀商創造佣金的方法。我很懷疑有人能預測很短期的併購目標，而靠明牌買進則是虧錢最快的方法。

不過，一旦併購提議宣布，我發現許多投資人很快就賣出。由於最後的價碼往往高於首次出價，所以最好不要在初次出價宣布後就賣出，除非你發現有阻礙出價成功的風險。併購套利專業者只專注在投資這類情況，而且我相信只要慎加分析，這確實是賺錢的好方法。

　　我在本章把重點放在目標公司，那麼出價併購的上市公司呢？一般來說，我發現如果有進行併購的強烈理由，同時支付合理的價格，對收購者的中期股價應該很有幫助。但我對罕見而不容錯過的轉型交易，以及收購公司為成交而付出高昂價碼抱持懷疑。在交易的融資方面，大多數公司會利用銀行貸款或債券市場。如果必須訴諸不尋常的融資結構，例如可轉換特別股，通常這是一般融資管道不對他們開放的警訊。你要對這類交易要保持警戒。

　　在2007年上半私募股權泡沫最高點時，我公開表示擔心「低限制條款」貸款。從私募股權股東的觀點，這類對舉債公司財務表現只有極少或沒有限制條款的貸款十分吸引人（通常貸款會附帶限制條款，如果一家公司的財務表現惡化到設定的比率，或違反了某些條款，借款機構可以收回貸款）。一家對手投資的管理公司甚至會用它進行一樁企業收購案。

**Key reviews**

重點回顧

- 持有股票的好處之一是，偶爾它們會被溢價收購。
- 我強烈懷疑有人能預測很短期的併購目標。

# Chapter 10 我如何投資轉機股？

■ 投資策略的核心是以便宜的價格買進轉機或復甦的股票。

我們不斷地逢低攤平。我對兩件事毫不疑惑：第一，沒有人能不斷買在低點或賣在高點（除了巴魯克[Bernard Baruch]所謂的說謊者）；第二，最低平均成本就是贏家。我們不斷努力降低部位的平均成本，在股價下跌時買進更多股票。

——米勒（Bill Miller）

我投資策略的核心，尤其是在特別時機基金（Special Situations Fund），向來是以低價買進轉機或復甦的股票。這類企業通常營運不佳，也許持續相當長的時間。根據我的經驗，許多投資人不喜歡涉入績效不好的公司，因此他們很容易錯失好轉的改變。這經常牽涉到經營管理團隊改組、組織結構調整，甚至是取得再融資（或幾個因素合在一起）。

彼得‧林區喜歡具備下列一、兩個特性的股票：它是否聽起來很無趣，甚至很可笑？它的業務是否很無趣？它

的業務是否令人討厭？它是分割出來的公司？它備受冷落，而且機構投資人未投資、分析師也未追蹤？環繞它的傳聞是否牽涉像廢棄物或黑道經營的問題？它發生一些令人失望的事？它的產業成長性不高？——這些特性往往讓大多數機構與散戶投資人退避三舍，因而帶來吸引人的投資機會。

當分析師放棄一家公司，而且只有少數人預測其營運時，通常就是可善加利用的跡象。另一種機會則來自脫離破產保護的公司。我從這類公司斬獲頗豐，例如有線電視公司、馬科尼公司（Marconi）和歐洲隧道公司（Eurotunnel）。它們往往已經從大多數機構投資人的雷達螢幕消失。類似的機會出現在資本結構複雜或不尋常的公司，投資人往往也避之唯恐不及。

我經驗中最好的轉機股是——新的管理團隊進駐原本在若干方面落後同業的公司，並提出明確的計畫，通常在許多小事情上做得更好，因而把公司表現提升到正常水準，甚至超越其競爭者。如果這些因素都有可衡量標準更好，因為你可以追蹤新團隊的表現，以及他們在復甦路上已經走多遠。

零售業經常被描述為「零售就是細節」，這個行業就

是這類轉機股的好來源。你不能把一家其他方面表現還好的企業從績效低落復甦，與一家專營事業績效不彰的公司混為一談；後者可能永遠無法復甦。

## 如何買進轉機股？

通常你必須買進一檔轉機股，才能開始掌握所有資訊，而這種買進會讓人很不放心── 但別因此而拒絕買進。如果等所有資訊都已浮現，且復甦已經確定才買進，投資人將錯失持有這種股票獲利最豐厚的時期。

有時候投資人必須強迫自己踏入「不適區」。不過，從不好的方面看，投資人很容易太早買進轉機股，許多人就會犯這種錯。有時候我會在這個階段持有小量股票（例如10個基本點），這能幫助我專注在這檔股票，然後隨著最壞的時機過去而信心漸增。

有一句話很重要，即第一個壞消息很少是最後一個（例如，第一次獲利預警）。還會有更多壞消息的警訊之一是，管理團隊發表所謂「粉飾太平」的營運報告。他們往往語氣籠統而含糊，對未來展望不夠具體。所以轉機股的買家必須有耐性，尤其是在把握主要的進場點上。

在你信心充足時，逢低攤平是很好的策略，正如米勒（Bill Miller）的說法。由於我管理大型基金，我必須及早進場，趁還買得到股票時買進。通常我們自己的分析師會給股票投資評級，並在股價開始回升時給予正面評價。我則需要比這更提早一步，以便我能在情況改善明朗化前累積足夠的部位，同時在市場還找得到賣家。

有一種偶爾發生的特殊狀況是，一家特定公司的股價持續下跌一段時間，因為市場都知道並預期這家公司將有利空事件發生（例如一場大訴訟，或有新競爭者加入其市場）。通常等該事件發生時，股價已經充分反映利空事件，因此預先買進這檔股票很划算。

另一類我喜歡的情況是報酬不對稱的公司——你可能從中賺很多錢，但是有把握「不會虧很多錢」的股票。例如，一家股價很吸引人的石油探勘公司，從既有的油井獲得穩定的現金流量，資產負債表很穩健，並把現金流量再投資於探勘上，其中有一些冒險的油井計畫如果成功可能帶來豐厚的報酬。像 Cairn Energy 在這方面就很成功，它兩度發現大油田。對稱的股票較引不起我的興趣，這類股票能賺錢、也能賠錢，除非賺錢的機會很高，否則我不會很熱中它。

除了**轉機股**外，我也喜歡以高折扣變賣資產的公司、不受青睞的成長股（也許是在許多投資人不了解的領域，或公司的主要業務不吸引人，卻暗藏一個成長部門）、特定行業的股價異常股（例如在一個我認為股價不應該很便宜的行業中最便宜的股票），以及併購目標股。當然，這些標準並不互相排斥。

　　GMO 公司董事長葛蘭瑟姆（Jeremy Grantham）曾對美國的成長型投資和價值型投資有過一番有趣的談話：「成長型公司似乎很受矚目也很刺激，投資人似乎理所當然應該買它們，因為它們風險很小。也因為如此，過去五十年來它們每年績效落後約 1.5％。對照之下，價值股屬於無趣、營運困頓或表現不夠水準的公司。以事後之明來看，它們繼續績效不振似乎可以預期，因此它們的風險很高。為補償這種營運風險和較低的基本面品質，價值股的績效每年領先 1.5％。」我無法說得比這更清楚了。

　　看到這種長期績效後，我想押注在哪裡就不言而喻了。當然，就短期來看，一種投資策略可能表現突出好幾年，然後鐘擺才會擺盪到另一邊。

## Key reviews

重點回顧

- 我喜歡不受歡迎的股票。
- 第一個壞消息很少是最後一個（例如，第一次獲利預警）。
- 我喜歡報酬不對稱的公司。

# Chapter 11 我如何作交易？

■ 股票市場會給你很多「重新開球」的機會。

　　在我早期的基金經理人生涯，我管理一個較小、較集中的投資組合，經常自己作交易，同時為我的投資組合選股。我相信有直接買進和賣出股票的經驗會很有幫助。不過，那很花時間，所以擁有專屬的交易團隊更能充分利用資源。

　　投資組合經理人與他們的交易員關係很重要。一名優秀的交易員會知道經理人何時願意追價買進、何時不願意。此外，他們也知道哪些消息重要，應該轉達給經理人，哪些則只是每日的「閒扯」。

　　過去十年來，我已變成熱中甩竿的釣客——不是說我很高竿，而是因為那是很愉快的消遣方式（同時可以暫時忘掉股市）。我想釣魚和交易有類似的地方。當魚上鉤之後，你必須知道何時該拉牠，何時該放更多線，收與放都

是技巧。同樣的,知道何時該積極買進或賣出,以及何時該退一步讓市場靠過來,也是技巧的一部分。

長期以來,我下的買賣單規模,往往超過特定股票可以立即買到的數量,因此通常我得花數小時或數天來買或賣我要的部位。所以一次可以買到的股票數量多寡(或想賣股票時,鉅額交易掛進的數量)很重要。

大量買進或賣出股票成本最低的方式,幾乎一定是透過鉅額股票交易(Block)。因此我們的交易員必須觀察所有可得的鉅額交易機會,而且偶爾實際的鉅額掛進或掛出會讓我採取行動(例如,如果是我觀察名單上的一家小公司)。我們也有專人與我們的交易員坐在互相隔絕的地方,協助我們處理敏感的鉅額股票交易。

我特別喜歡看來自其他富達經理人掛進、掛出的內部鉅額交易,而這是執行成本最低的交易。(會發生這種情況是因為,不同的基金有不同的現金流量進出基金,偶爾會有一個投資組合的經理人想賣一檔股票,而另一個卻想買進;此外,不同的經理人有不同的風格,所以,例如一檔價值型基金可能賣出,而一檔成長型基金卻在買進。)

我只對很少數我的交易價格設限,而且通常我給我的交易員自行決定的餘裕。如果價格波動對我不利超過約

3％，他一定會再徵詢我的意見。如果必須對價格設限，我也一定避免使用整數。

我的理由是，大多數投資人以整數來思考，然後在10或100的倍數對價格設限——所以如果一檔股票的交易價格為98便士，他們會說追價到100便士，或者價格在93便士時，他們會追賣到90便士。我向來喜歡剛好超過或不足整數。這在配銷或新股發行時特別重要，因為這時大多數買單價格都在整數。我相信避免整數可略微改變交易執行的機會，使對我更有利。

大多數我管理的基金是開放型基金（投資人每天都可以加入或贖回，會使基金規模因而擴大或縮小的基金）。我需要相當數量的高流動性持股，以滿足潛在的贖回，儘管大型基金的贖回通常就基金規模來看不會太大。市場往往高估流動性高的股票價格，而流動性較低的股票價格則較吸引人，儘管它們較不容易交易。這是低流動性、較小型股票的另一吸引力。

我還發現，你在一個特定價位只有一次交易機會的情況很罕見。除非消息很重大，而如果你有耐性，通常你會在初期的興奮退去後得到第二次機會。美盛資本管理公司（Legg Mason Capital Management）董事長米勒（Bill

Miller），比喻說，這就像打高爾夫球的「重新開球」，意思是你可再一次開球而不必罰桿——股市給你許多「重新開球」的機會。

## 重點回顧 Key reviews

- 大量買進或賣出股票成本最低的方式，是透過鉅額股票交易。
- 我的交易中鮮少對價格設限。

# Chapter 12  技術分析與圖形的重要性

■ 技術分析會強迫你停損和獲利了結。

真實比事實來得重要。

——萊特（Frank Lloyd Wright）

　　我評估一檔股票時，最先檢視的幾乎一定是該股票的股價線圖（通常是三年或五年圖），因為我喜歡從這檔股票近期的歷史價格，看它今日的價格。如果我知道它在過去幾年表現很好，並比較另一檔已長期下跌或盤整多時的股票時，我會有不同的看法。

　　當我聽到一檔我觀察很久的公司發生有趣的事，我最先想知道的事情之一是，我較早聽到這個消息，或是其他的投資人已先聽到同樣的好消息而捷足先登：只要看一眼股票圖形，通常它就會告訴我。

　　當一檔股票表現很好，例如股價翻漲三倍或四倍，那麼好消息勢必已經反映大部分在價格上。通常我對這類股

票會很小心。舉例來說,在已經走了四年多頭市場的2007年,許多景氣循環類製造商和金屬公司的股票,已從2003年的低點上漲三、四倍(或更多)。這種漲勢背後是對它們產品極其強烈的需求,特別是來自以中國為首的亞洲生產帶來的需求。

我記得有一位年輕的基金經理人同僚剛訪問中國回來,他告訴我在他找過的各類公司來說,中國的需求是他聽過最吸引人的故事。我當時的意見是,那確實是極吸引人的故事,但有多少別的投資人在他之前已被同樣的論點打動?最成功的投資人可能在2004、2005和2006年,就已買進那些股票(我當時太早變得過度小心,因為那些股票一直到2008年中都還表現很好,然後才開始下跌)。

這不表示我永遠不買已經表現很好的股票(事實上,偶爾這也是很好的機會),但我會認為這類股票的風險高出很多,特別是在我認為市場轉折已經接近時。即使是基本面「絕佳」,而投資尚有大量未實現獲利的股票,也特別容易回跌。這一點很重要,而且一些沒有經驗的經理人不見得了解。

我特別不喜歡我稱之為「傳遞包裹遊戲」(passthe

parcel)\*的股票—那些價格很高，但還有上漲動力的股票，而投資人希望還可以再漲高些，讓他們在音樂停止前把股票賣給別人。

## 為什麼要做技術分析？

我對技術分析的興趣始於 1970 年初，在一家小銀行伍爾曼（Keyser Ullmann）的第一份工作。我記得很清楚我剛大學畢業，面談時投資部門主管給我看一張瑪莎百貨（Marks and Spencer）的股價圖，然後一直跟我解說從圖表得出的投資結論，只是我完全摸不著頭腦，因為當時我對分析圖一竅不通，雖然我還是不斷點頭稱是。

伍爾曼有三位全職分析師，其中一位是經濟學家、一位基本分析師，以及比較不尋常的是一位技術分析師——

---

\* Pass the Parcel 是英國孩童盛行的遊戲，將禮物以包裝紙層層包裝，每層的包裝紙都不同，以資區別。遊戲時，一群人圍繞成圈，音樂聲響起，將禮物交孩子傳遞下去，音樂播放完畢，拿到禮物的孩子可以拆開一層包裝紙，若是拆開後沒有包裝紙了，那禮物就歸那個孩子所有；如若拆開後仍有包裝紙，則繼續往下一個孩子傳遞。金融投資看似專業複雜，但某種程度就和這遊戲一樣，投資者通常拿到的是包裝盒，對投資者而言，那個盒子就是收益回報。但是在投資的過程中，這個「盒子」不斷地經由他人之手，內在價值也不斷地改變，誰都無法確切地掌握會出現怎樣的意外變化，包括那些金融玩家。

這位很棒的紳士叫亞伯拉罕（Arthur Abrahams），他畢生兩大興趣就是圖形和蒐集維多利亞時代的繪畫（他很早就看出葛林蕭[Atkinson Grimshaw]這位優秀畫家的優點，並且總是告訴我們繪畫是很好的投資，以及他的看法有多正確）。總之，亞伯拉罕教我許多圖形的知識、如何利用移動平均線和相對強弱指標、如何詮釋顯示突破（或跌破）的模式。

我記得我的第一筆投資是一家小礦業公司，它的股價圖出現重大突破。我想我投資大約100英鎊，並從中賺了20英鎊。這也是我的極小量投資之一，因為當我開始管理基金，我便停止個人的買股，而把自己的錢投入我管理的基金。我認為這應該是所有基金經理人的標準政策。從卸下我的基金管理職務後，我還繼續個人對特別時機基金和全球特別時機基金的投資，且我的大部分股票市場資產也留在這兩檔基金裡。

我今日看待技術分析的方式是，把它當作架構或襯底，作為我押注在個別股票的基礎。我視它為我選股的規則。我的意思是，如果技術分析證實我的基本觀點，我可能作更大筆的投資，比其他情況下更積極。不過，如果技術分析未證實我的基本觀點，我會重新檢討對一家公司的

投資前提，例如，檢查是否有我們忽視的不利因素。如果我的信心很堅定，通常我會忽略技術觀點；有時候如果發生衝突，我會只作小筆投資，或減少我的部位。

我發現技術分析對大型股特別有用，例如英國的FTSE 350成分股，尤其是FTSE 100成分股。至於用在較小型股上，由於經營中型或較大型基金的專業基金經理人，可能得花數天甚至數週買進一檔部位，所以我發現圖形的用處較小。最大的公司往往最複雜，也最難分析，也因此圖形在指示被忽略的地方較有用。

很重要的是，極大型公司的趨勢可能持續比預期久，所以我會利用技術分析來協助我掌握進出的時機，或決定何時加倍或減半部位。我把技術面視為一檔股票在特定時刻，所有可得的基本觀點的總合，有時候它會預示警告訊號或潛在的問題。

所有專業基金經理人都知道，他們挑選的股票至少有五分之二不會正如他們的預期，在這時候技術分析就很有用。我也會利用圖形當作篩選工具，以突顯我應該更注意基本面的股票，例如用在挑選轉機股時，它在指示趨勢的改變便很管用。你可能覺得驚訝，但以我的看法，使用哪一種技術分析系統的重要性，比不上最基本的使用圖形的

**逆勢出擊**
Anthony Bolton

紀律。我的建議是嘗試找到一種適合你的系統，然後持續用它。

我使用兩個主要的來源，並閱讀數家經紀商技術分析師的研究：第一種資料來源是我內部的技術團隊，他們的用處很大——我每個月一次與我的首席技術分析師，坐下來檢討我的持股，並參與他們每月開放給我們所有基金經理人與分析師參與的全球市場評估。此外，我們有一位優秀的駐波士頓技術分析師，我總是會讀他的報告（富達向來很重視圖形提供的資訊，且我們大部分辦公室都有圖形室）。

我利用的主要外部服務是一家叫QAS（定量分析服務）的美國公司，由一位開朗的紳士叫馬爾‧羅斯科（Mal Roesch）經營，遺憾的是他在我寫本書時過世。

我初遇馬爾是在1980年代，當時我們都參加一場由澳洲證券經紀商在瑞士文根舉辦的經紀商會議。我記得很清楚，是因為第一天整個早上我們都在聽取公司簡報，然後下午與公司主管和其他基金經理人代表一起滑雪。第二天的簡報持續到上午中場咖啡時間，然後我們又去滑雪。第三天的議程原本應該和第二天一樣，但早餐時陽光普照，戶外的雪實在誘人。主辦人說：「管它的，我們忘掉

今天的簡報，大家到滑雪場集合。」我並沒有因此多了解澳洲的公司，但我遇見馬爾——至今我仍覺得很慶幸。

　　馬爾的系統為全世界大多數主要股票（以及股市指數、貨幣、商品和利率）作短期和中期評比，並根據它們在各自的價格循環給予分數。例如，D7或D8代表一檔股票正要觸底；A1和A2是在上升趨勢；B3和B4是觸頂的股票；C5和C6的股票正在走下跌趨勢。輸入系統的資料是特定股票在不同時期的股價表現，包括絕對和相對價格。我發現這套系統很容易使用，因為一旦你訂閱他的評比，就能很快瀏覽世界任何市場，看到他評分高或低的股票（一個國家裡的股票按產業分類）。

　　在文根的會議過後，我幾乎每個月都會打電話給馬爾，當時我正管理我的基金。他每年也拜訪我們倫敦辦公室兩、三次。我形容我與他的互動有點像看醫生作身體檢查——我們都希望聽到好消息，但難免會聽到不想聽的事。

　　每次打電話和討論大環境時，我們會逐一檢討我投資組合裡的持股，馬爾則發表他的看法，不管看好或看壞。和投資界任何人一樣，馬爾不是每次都正確，但平均來看他對的時候多於錯的。如果你在投資界很有名，人們就不一定總是對你說他們真正的想法，而只說你想聽的話（換

句話說，他們傾向同意你的看法）。馬爾是例外，他很樂於說我的某檔股票是「滑雪道股」（壞消息），或「你談戀愛囉，但不是這檔股票」，或更直率地說：「安東尼，那是檔爛股票！」能偶爾像這樣交叉檢查看法對任何基金經理人都是好事一件。

技術分析最重要的紀律之一是，它強迫你停損賣出和獲利了結——這兩件事都是說起來容易、做起來困難。雖然骨子裡我是基本面派，但我確實發現結合兩種策略的效果似乎比單用一種好。幾年前我在一項技術分析會議的演講中說，如果我在一個荒島，只能依賴一個資訊來源作我的投資決策，那會是一本最新的股價走勢圖集。我想，到今天我還是抱持同樣看法。基本面資訊的問題是，我無法只依賴一種來源就足以作投資決策。而如果不得已時，我可以只靠一本股價圖集來管理基金——雖然如果真的身處荒島，它不會是我求生用品清單的首選。

關於圖表還有最後一點，任何財務統計最好都能以圖形顯示。我喜歡看一張圖上顯示一家公司的許多種比率或因素，如此可以讓我從歷史背景觀察它們。此外，圖形的閱讀速度通常快得多，而像我這樣在公司會談前必須檢視大量資料時，這一點很重要。

重 點 回 顧 ....................................................

- 我最先想檢視的是股價線圖。
- 我不喜歡所謂「傳遞包裹遊戲」的股票。
- 找一種適合你的系統,然後持續用它。
- 能交叉檢查看法對任何基金經理人都是好事一件。

## Chapter 13 我利用的資訊來源

■ 在這個行業，答案有很多 —— 知道該問誰和問什麼問題的技巧，才是關鍵。

投資人在智性上必須克服的最大問題，可能是永遠有層出不窮的雜訊和喋喋不休的議論。雜訊是外來的短期消息，隨時冒出且基本上與投資決策無關。議論是眾多立意良善、引人注意的名嘴閒談和意見。嚴肅的投資人永不停息的工作是，把龐大的資訊和意見提煉成知識，然後從中萃取與投資有關的意義。

—— 畢格斯（Barton Biggs）

在市場中，大家傾向於看到同樣的東西，閱讀同樣的報紙，和獲得同樣的資料供應……。達到與眾不同的結論唯一的方法是，以不同方式組織資訊，或採用還不常見的分析程序……正如我常說的，如果消息已登在報紙，它就已經反映在價格上。

—— 米勒（Bill Miller）

---

過去三十年來，投資人可取得的資訊數量大幅增加，處理資訊的電腦能力也突飛猛進。在早期，這個工作主要是蒐集別人得不到的資訊，且許多時間和精力得花在蒐集

資訊上。今日，要找別人得不到的資訊困難多了，這個工作已從蒐集資料轉變成分析它。這是很重大的改變。

我向來喜歡擁有許多資訊來源：許多資料、看法、意見和分析。我喜歡擁有各類專業來源的觀點。我尋求非傳統和不同的觀點，因為你永遠料不到哪裡會冒出好點子。因此我喜歡有眾多來源，而篩選和比較它們則是我方法的核心部分。如果我錯失一檔股票的投資機會，而且是我沒獲得訊息的股票，這時候我會比錯失一檔研究過，且因誤判而拒絕買進的股票更難過。

我總希望撒出的網大到讓大部分好的投資點子都至少從某個來源匯入。我們內部的分析師和我接觸的外部經紀商，都會向我報告投資點子。在這方面，除了大型經紀商外，我也喜歡採用一些較小的專業經紀商，因為兩者各有優缺點。

我總是把內部分析師每天提供給我的資訊，和外部來源提供的情報和觀點，視為我的「生命泉源」。這些輸入來源呈現在書面報告、電子郵件、語音郵件、面對面會議和電話談話上。我喜歡每天盡可能看完所有資訊，只有在看遍一天的份量後，才會覺得跟上最新的訊息。關鍵在於知道你的興趣所在。許多寄給我的資料我只閱讀標題。此

外，我的電子郵件大部分會先列印出標題，因為我發現消化和篩選列印的文字，比在螢幕上看文字更容易和迅速。

如果一份研究似乎證實我的觀點，但沒有新的有趣事實或特別之處，我不會讀它。大多數今日的研究報告都以最容易、最快了解主要論點的形式呈現。通常主報告本文開始前，會有兩、三個層次的摘要。長期下來，我發現有些評論員的觀點比其他人有用，我會花更多時間看他們的報告。我已經花很多年時間，累積、篩選誰有用和誰沒有用的知識。

近幾年來，我愈來愈對一些研究領域感興趣，例如一些大多數投資人無緣接觸的市場研究和專家。隨著經紀商的研究變得愈來愈商品化，以及愈來愈多機構與公司管理階層進行一對一會談，我也逐漸對藉新資訊來源提升我們的競爭優勢很感興趣。

基於有危及這種競爭優勢的風險，我在這裡不能具體透露一些我們較新的來源，但我想每個優秀的投資經理人應該自問：他們要如何獨立檢驗投資，以及如何才能建立競爭者無法獲得的資訊來源。整體來說，在這個行業，答案很多——知道該問誰和問什麼問題的技巧，才是關鍵。

- 我喜歡有許多資訊來源——你永遠料不到哪裡會冒出好點子。
- 從閱讀標題開始,建立篩選、提煉知識的方法。

# 經紀商的重要性

▎ 絕不要與素未謀面的人做生意。

---

　　許多人常覺得很驚訝，雖然我們有一個很大的內部研究部門，我仍然喜歡大量經紀商提供的資訊。我採用多達約四十家——名單裡包括一些較專業的小經紀商，有些則是地區性經紀商，我喜歡比較富達分析師和市場的觀點，同時有大量的資訊來源刺激我的點子。此外，如果有獨立的點子來源，表示我比較不會和其他富達的經理人同時交易相同的股票（這種情形偶爾會影響我大筆買進或賣出的能力）。

　　不過，富達內部對經紀商的附加價值有各種不同的看法，我的同僚有些完全不用經紀商的資訊。他們強調經紀商的營運模式並不在幫助富達為客戶賺錢。此外，避險基金通常交易頻繁度高於只作多的經理人，他們逐漸變成經紀商依賴的客戶，因此能取得較優惠的待遇。

我發現銷售人員扮演很重要的角色（銷售人員是我連絡經紀商的主要對象）。他們會過濾公司供應的資訊，知道我的作法和我想找什麼，但也有自己的看法和點子（我對只傳達經紀商觀點的銷售人員持保留態度，雖然經紀商的監察員可能要求如此）。他們對誰是公司最佳分析師也有自己的看法，而我通常喜歡會見這些分析師。

　　經紀商分析師有一個優點（雖然偶爾這也是缺點），就是一般他們追蹤一群公司較久的時間，而我們的內部分析師則每隔兩、三年更換產業。大家必須知道，今日大多數經紀商的文字報告都經過檢查（或者分析師知道他們不能寫哪些內容）。因此，打電話和面對面會談，是探知和發掘他們不能寫哪些東西的必要方式。

　　我還會要求與我連絡的銷售人員做一件事，就是強調他們公司內部有哪些資源不常被大多數客戶利用，但可能對我們有幫助。這可能包括會見他們的投資銀行家或自營交易員。

　　在供應的資訊方面，我通常會看他們對英國公司、產業、經濟的書寫報告和相當多電子報告，以及策略報告、股價螢幕等。在我管理歐洲基金時，我也會看他們所有的歐陸研究報告。我也看幾份全球策略報告，和過去三到四

年對中國和中國公司的報告。我告訴與我連絡的銷售人員，由於我取得的公司研究報告有80％是買進建議，所以我特別強調好的賣出建議。大多數的銷售人員寄給我電子郵件和語音郵件，以及在印刷的研究報告劃線部分加手寫註記，以引起我注意。我要求他們別重複寄同一主題的訊息，所以不管是語音郵件或電子郵件都可以，但別同時都寄。

我在富達早期的一位同僚說，他從不與素未謀面的人做生意，而我聽從他的忠告。和初次會談一樣，我喜歡與我的主要經紀商連絡人至少每年兩次坐下來談，而我通常要求他們準備一些建議在會談中提出。在這個人與人愈來愈少接觸的世界，我認為認識電話那頭的人，花一點時間培養關係（雖然你是客戶）很重要。

一些投資經理人認為，與經紀商的關係完全是單向的，我認為不對。過去我對系統很有興趣，例如Alpha Plus，其優點是強迫經紀商推薦股票時更具體些，然後以量化的標準衡量推薦是否成功。剛開始我以為這對我決定經紀商是否具有附加價值很有幫助，但使用Alpha Plus一陣子後，我開始懷疑。我信任經紀商的蒐集系統，例如Marshall WaceTOPS系統利用複雜的電腦軟體，完全根據

經紀商銷售人員與分析師的預測來管理投資組合。但我發現 Alpha Plus 的方法不符合我利用經紀商的方法。被 Alpha Plus 評為最佳經紀商的看法，不見得對我有幫助。

　　正如一位避險基金經理人有一次告訴我：「安東尼，你和我都不需要經紀商打第一通電話，我們不需要最先知道他們認為一檔股票該買或賣，但我們需要知道他們是否有強烈的看法，和為什麼。」剛開始我認為他錯了，但仔細想過後，我發現他說的很對。

重點回顧 ......... **Key reviews**

- 與你的股票經紀商建立正向、良好的關係並熟悉彼此。
- 透過電話或面談，可以獲取許多經紀商「不能寫出來」的情報。

# Chapter 15 我如何抓進出場時機與市場運作之道？

## ■ 成功的「市場時機交易者」必須能夠違反市場氣氛操作。

你會為愉快的共識付出高昂代價。害死投資人的將不是經濟，而是投資人自己。不確定性實際上是長期價值買家的朋友。

——巴菲特

如果我們（2007年的美國）進入衰退，我們終究會復甦。過去25年來，我們只有過兩次真正的衰退，總共17個月時間。身為長期投資者，我們根據占95%的經濟成長期間來配置投資組合，而非根據那5%的不可預測期間。

——米勒（Bill Miller）

人人在股票上都有賺錢的腦力，但不是人人都有那種胃。如果你很容易因為驚慌而拋售所有東西，你應該完全避開股票和避險基金。

——彼得·林區

投資中最昂貴的五個字是：「這次不一樣」。

——坦伯頓

適用於個別股票的原則，大部分也適用於市場，雖然想評估出市場的合理價格比評估個別公司困難。多頭市場傾向於攀越憂慮之牆，也就是說，在股市谷底時，所有問題大家都知道且被普遍認同，但隨著市場回升，問題會逐漸在投資人的眼中被淡化。

　　舉一個很適切的例子，就是菸草類股在近幾年被重新估價。儘管這類股票極具防守性和有可預測的獲利，過去它們的股價一直很低；這是因為投資人擔心訴訟的威脅，以及多數已開發國家的抽菸人口逐年遞減。在 2007 年底，這類問題大多被遺忘（雖然在美國的訴訟風險確實已大幅降低）。我相信在空頭市場的某個階段，這類問題會再浮現，投資人會再記起抽菸可能要人命。

　　長期來看，西方世界甚至於新興市場的抽菸環境，都可能日益惡化。要永遠記住，多頭市場會粉飾「裂縫」，而空頭市場則會暴露它們，然而重點是，「裂縫」一直都在。這就像有一種圖像，從一邊看是笑臉，但從另一邊看卻是生氣的臉。改變的是你看圖像的角度，而非圖像本身。

　　股票市場是折現買賣未來的最佳場所，絕不要低估這一點。它根據投資人集體預期未來六到十二個月的現實世界情況而移動。根據我的經驗，我們很難預測市場的方

向，而要持續準確預測更是難上加難。

　　我的建議（就像許多前輩給我的建議一樣）是，原則上投資人應該避免行情預測和時機交易。人性的傾向是在市場上漲時變更樂觀，市場下跌時變更悲觀，因為這是整體外在環境所造成的。對美好未來最有說服力的說法，總是在股市高點時最盛行；反之亦然。

　　此外，大多數人因為個性而傾向樂觀或悲觀，所以個性樂觀者（天生的多頭）較擅長買進勝於賣出，而悲觀者（天生的空頭）擅長賣出勝於買進。成功的時機交易者必須能夠違抗整體市場氣氛，且相當程度能控制自己的情緒。更多人抱持著趨勢會持續下去的信念，趨勢就愈難持續長久。整體來看，專業人士的時機交易績效很差（這幾乎是與生俱來的，因為多數人的看法不會是正確的）。市場也傾向於往多數人是錯誤的方向移動。

　　長期來看，我相信市場頂點和谷底的環境勢必變得更極端或不尋常，使投資人難以辨識它們。如果很容易辨識市場轉折點，它們就不會出現！因此有趣的是，我在這行愈久，我就愈隨時能夠表達我對市場的看法，雖然這麼做可能很愚蠢。不過，我在表達看法前總會先說明，那是我以謙虛的心態表達的個人觀點，而且提醒聽眾和讀者，我

職業生涯中只有五、六次有真正強烈的市場看法。

對那些想嘗試抓市場高低點的人，我提出的建議是，許多多頭趨勢會持續比預期久。此外，經過強勁且持久的多頭市場後，新空頭市場往往有幾個假開頭，然後才開始走真空頭（我想那是因為需要幾次嘗試，才有辦法殺死多頭趨勢的能量）。記住，長期的趨勢是上漲，所以抱持樂觀傾向才是明智之舉。如果你在多頭市場錯過幾波好行情，你的報酬率將大受侵蝕。

## 市場底部和高點

市場在底部比較容易出現V形（也就是市場出現一波最後的大跌，接著一波急遽的回升，展開新的多頭市場），而在高點則較不容易出現倒V形。偶爾有一個市場（較常見的是一檔或一類股票）會在高點出現「噴出」行情，即在股價已經巨幅上揚後，又在一天內上漲一大截。到了高點，不是消息變不好，而是消息不再變更好；在低點的情況正好相反。

不過，要看出讓多頭市場轉變成空頭的觸發點極其困難，反之亦然。我經歷的兩次空頭市場卻出現例外，就是

中東戰爭爆發成了兩次空頭市場的低點。在這兩個例子中，市場都已下跌一段時間，大多數人知道中東戰爭或入侵中東很可能發生，而市場持續下跌，直到其中一個例子是戰爭開始後馬上回升；另一個例子則是戰爭爆發前市場即已觸底止跌回升。

這也顯示出我對市場的看法，一般是，當投資人預期一檔股票或整體市場會發生一個大利多或大利空事件時，價格往往在事件發生前大部份就已先行反映，而非在事後才反映。不過，大部分情況下，你不會看到像這樣的觸發點。突發事件會證實市場意見，緩慢的改變則不會。

在市場低點的整體環境可能充滿不確定性和憂慮。我常對我的同僚說，黎明前總是最黑暗，那時你看到的是無底深淵，擔心金融體系可能崩潰，或以後沒有人會再買股票，而這就是市場回升的時刻，因為利空消息已完全滲透投資人的想法，最後的賣家已賣出股票。市場觸底不是因為買家出現，而是賣家停止賣出，而在高點也有類似的過程。密切觀察投資人的現金部位。如果很高，比較可能是利空消息已經反映完。別指望公司告訴你市場（或經濟）何時到達轉折點；通常他們對高點趨勢改變的判斷比投資經理人慢。

誤判市場高點經常發生在股價第一次回檔和下跌。分析師會打電話給他們投資的公司，並聽到生意很好、產品需求完全沒有減弱的回答。這會強化「買進」建議。不過，股票市場是看未來六到十二個月；如果股票已從低點回升兩、三倍，10%的回檔離真正的下跌趨勢還很遠。

切記：股市呈循環走勢，不會永遠持續上漲。有時候我在長期多頭市場變得更謹慎時，其他人會懷疑，並指出投資環境看起來還很好。根據我的經驗，股價經過長期上漲後，就是你最該提高警戒的時候，即使表面上看似很好。問題不在於表面上如何，而是在對股價的假設。

在評價市場的時候，我特別專注於三件事，還有一件則不加考慮。不值得考慮的是經濟的前景，因為它總是在股市高點時永遠看起來很好，而在谷底時則很糟。根據我的經驗，經濟觀點無法協助你正確掌握市場時機。我著重的三項因素是：

## 1. 多頭和空頭市場的歷史模式

亦即我們在多頭市場已經漲多久和多遠，在空頭市場已經跌多久和多遠，如果時間的長短和漲跌的數值比歷史較高，那麼趨勢改變的機率就大幅提高。

## 2. 投資人信心與行為的指標

例如：買賣權比率、投資顧問信心、市場寬度、波動率、共同基金現金部位，以及避險基金的總投資與淨投資等。

## 3. 長期價值

尤其是股價淨值比或自由現金流量等。同樣的，如果這些指標超過正常範圍，就表示風險或機會。

當這三項因素都互相確認時，根據我的經驗，很可能你已經接近轉折點。你無法準確看出哪一天、哪一週或哪一個月，但你應該至少判斷出正確的那一季。

雖然我對市場有看法，但卻幾乎不曾在管理基金時大規模利用時機交易（僅有的例外，也許是管理特別價值投資信託基金[Special Values Investment Trust]的槓桿比率時）。這是因為我寧可押注在數檔個股的看法（因為知道我會犯一些錯誤，但機率可能對我有利）勝於賭一個整體市場的看法——如果我在後者犯錯，將大幅減損整個投資組合的報酬率。

我形容這種策略為「比較漸進派」。我的總體觀點通常用來決定投資組合的方向，和買進與賣出股票的種類。

例如，如果我相信我們處在多頭市場的成熟階段，我會嘗試拋掉風險較高的股票，和已經表現特別好的個股。我會以漸進方式繼續朝這個方向走一段時間，直到我相信趨勢已經改變，然後我開始反轉這套策略。

在檢視總體因素和策略時，通常我不根據我對世界的看法擬訂投資組合的政策，我會從另一個方向看，換句話說，我會看外界對利率、通貨膨脹、股市和債市報酬率的共識和期待，然後問自己我的看法與這些共識和期待有何不同，並且只押注在與我不同的看法上。也許不同之處很細微，但必須是我認為重要的不同。

此外，如果我有強烈的看法，認為未來會發生某種情況，我會思考我預期這種情況會讓世界變成如何，然後把它倒轉到今日，以檢驗這種情況是否可能發生。從終點倒轉回現在，有助於我評估某個看法是否可能發生。通常帶頭進入一波多頭市場的類股，和帶領下一波多頭的類股不一樣。因此，我預期商品和礦業股不會帶頭進入下一波多頭市場。

由於避險基金在過去十年左右已成長為舉足輕重的力量，我相信一個看法持續的平均時間已大幅縮短，不管是對市場或對個股的看法。我認為這對準備採取一到兩年、

而非幾個月或幾週看法的專業投資人來說，將增加他們獲利的機會。

許多人忙於分析枝葉，卻很少人看整棵樹，看到整座森林的人更是少之又少。這對願意採取更寬廣視野的人是大好機會。不過，我強烈建議投資股票的散戶投資人採取至少三年的觀點，甚至五年更好。別把你未來三年需要用到的錢放進股市（或者如果你這麼做，要很小心你承擔的風險）。

葛蘭瑟姆說：「股市波動的幅度，超過未來企業獲利與股利或國民生產毛額所暗示的幅度好幾倍，這兩項因素在過去都相當穩定：換言之，市場是由貪婪、恐懼和職涯風險所驅動，而非經濟因素。真正的風險主要是職涯和事業風險，這兩者共同形成我們這個產業。努力想降低職涯風險──『絕不單獨犯錯』──製造出畜群效應、動能和揣測，這些結合起來就是錯誤定價的主要原因。」

股市的核心是人類的兩大情緒：恐懼和貪婪。除此之外，就是終究會淹沒投資人的週期性流行。如果你能自外於這些因素，對它們保持警戒，善加利用它們而不捲進其中，並且永遠很清楚它們的本質，你就擁有成功投資人的基本特質。

- 多頭市場傾向於攀爬憂慮之牆。
- 記住多頭市場會粉飾「裂縫」，而空頭市場則會暴露它們。
- 股票市場是折現買賣未來的最佳場所。
- 長期的趨勢是上漲，所以抱持樂觀傾向才是明智之舉。
- 根據我的經驗，股價經過長期上漲後，就是你最該提高警戒的時候。
- 別把未來三年你需要用到的錢放進股市。
- 絕不單獨犯錯。
- 股市的核心是人類的兩大基本情緒：恐懼和貪婪。

# Chapter 16 當投資不如預期時，該如何扭轉逆境？

■ **當事情不順利時，壓力將極其沈重。**

大多數投資人今日都想做他們昨日就該做的事。

——桑莫斯（Laurence H. Summers）

---

我一直認為，能讓基金經理人有好表現的最佳環境是「他們不知道自己表現如何」的環境。遺憾的是，現實世界剛好相反，每一個經理人每天、每週、每月都很清楚自己的表現。當事情不順利時，壓力將極其沈重，所以我想提供一些一般性的建議，可以用來處理這類情況，以及如何嘗試扭轉情勢。以下是幾點你應該考慮的事：

---

Tips 1

別太固執於自己的看法，但也別喪失你的信心。理想的情況是，你的信心水準應該在50%左右（0%代表毫無信心，而100%代表你有絕對把握而不會改變看法）——維持信心，但保有彈性。

---

**Tips 2**

別用自己的看法困住自己（例如，所有人都知道你討厭礦業股，其程度達到你發現讓你很難再買它）。永遠容許自己有退路。

**Tips 3**

敞開心胸聽取別人針對你表現不好的意見。向同事請益你做得不好的看法。你必須準備好接受批評。

**Tips 4**

必須對別人的看法保持開放的心胸，尤其是與你的主要持股衝突的看法。絕不能感覺自己是特定股票絕對的專家，不把別人的觀點不放在眼裡。誠實評估為什麼你覺得別人的看法不對，而你是對的。要知道你的投資如果「錯誤」是什麼樣子，也就是說，要清楚為什麼它們不會發生。

**Tips 5**

檢驗你的看法是否與市場共識完全一致，因而風險特別高。

**Tips 6**

別放棄你的原則。別做你不相信的新嘗試。

**Tips 7**

把你會「從無到有」建立的投資組合寫在紙上，看看和你現在的投資組合有何不同。

**Tips 8**

把你過去六到十二個月最差的投資寫在紙上，並誠實解釋為什麼它們出差錯。你從中學到哪些教訓？它們有哪些共同點？多想想你投資組合的下跌風險。

| | |
|---|---|
| **Tips 9** | 想想你每天的時間是由你決定怎麼使用的，或者你讓事件和別人來決定怎麼用時間。你應該永遠把大部分工作時間分配給你選擇的工作／事件。 |
| **Tips 10** | 確定你花夠多時間在尋找新點子上，而非只監看你已擁有的點子。一個只有少數新持股的投資組合可能變陳腐。 |
| **Tips 11** | 如果你不使用技術分析，請試著把它當作交叉檢驗自己看法的工具。 |
| **Tips 12** | 除了檢查你投資的個股，也要看投資組合的情況，並檢查它是否反映你的信心水準。你最有信心的賭注夠大嗎？你投資組合的尾部風險有何特徵？檢查你的投資組合是否有違反你本意的投資。 |
| **Tips 13** | 別躲在防護罩裡，產生認命的想法，認為不管怎麼做都於事無補，並把自己跟同事和客戶隔絕。 |
| **Tips 14** | 最後，當情況開始好轉，別忘了經歷過的逆境而以為自己能在水上行走。你不能；我也不能；沒有人能。 |

**重 點 回 顧** ···················································· **Key reviews**

- 當情況開始好轉時，別忘了曾經歷過的逆境。

# Chapter 17　優秀基金經理人的十二項特質

■ 好的個性比智商高低還重要。

　　勞伊・喬治（Lloyd George）天生擁有敏銳的直覺，能透視文字和事物的表面——視力或許模糊，卻能看清磚牆的另一邊，或比眾人更能看到遠處的答案。在這個行業，學問、學位、辯才、社會影響力、財富、名譽、有條理的心智、勇氣都無足輕重。那正是伊頓（Eton）和貝利奧爾（Balliol）向來難以培育的天賦，仙女們未賜予的恩典，也是讓所有其他天份相形之下如此低賤的天賦。他擁有「透視之眼」。

——邱吉爾

　　我相信有十二項特質造就一位優秀的基金經理人：

## 1. 透視之眼

　　基金管理就像下棋，而最優秀的經理人總能比競爭者多看幾步。他們不只必須了解一項變化的立即效應，還要

知道第二波的影響。

舉例來說，人人都可以了解美元兌英鎊匯價下跌是英國製造商出口美國的利空，但較不明顯的是這對英國成衣零售商是利多（它們大部分產品從海外進口，而且以美元報價），對英國電視公司也是好事（他們買的許多高價賣座影片是以美元計價）。

基金經理人必須善於橫向思考——能以切線式的思維看世界。他們必須隨時準備質疑其他人視為理所當然的事物。他們應該能看出今日受冷落，但未來某個階段可能受投資人青睞的的公司具有哪些特質。一位優秀的基金經理人要慧眼獨具。

## 2. 個性

擁有恰當的個性極其重要，而我相信其重要性超過智商。擁有相當程度的智力顯然是必備條件，但即使有天才般的智力卻沒有適合的個性也無濟於事。

一位優秀的基金經理人必須冷靜，對成功和失敗一視同仁。例如，他們必須不讓手中大漲的持股沖昏頭（當出現幾檔表現不佳的投資時也不能灰心喪志）。我想太情緒

化的人很難成為好的基金經理人。好的基金經理人應該謙虛（這是許多經理人缺乏的特質），並樂於犯錯：錯誤是這個工作不可或缺的一部分。這是一種機率遊戲，沒有人能永遠押對寶。

優秀的基金經理人能處理錯誤，並從中學習。他們必須心胸開闊，並喜歡提出疑問。他們也需要專心一致和持之以恆；這個工作每天隨時都需要無比的專注，而且沒有一刻能夠鬆懈。

這是一場永不停止的競賽，不容許你疲倦。不像其他許多工作，這個工作不靠計畫進行，而是一個持續不斷的過程，因此足夠的精力與毅力是很重要的。它永遠充滿挑戰，而這種智力的挑戰激發你與其他聰明的經理人競爭，而每天必須面對自己的表現成績是一件既累人，但也很刺激的事。

## 3. 有條理

好的基金經理人做事有條有理。由於獲得的資訊往往雜亂無章，優秀的經理人必須在如何處理工作上訓練有素，而且因為你永遠無法完全了解一家特定的公司或一個

產業，因此有組織極其重要，許多缺乏經驗的基金經理人因為缺乏條理而效率低落。

好基金經理人會計劃一天的工作，以便他們努力達成目標，否則很容易讓事件牽著鼻子走。你一天中必須花部分時間來處理事件，但不能讓它們占據一整天時間。此外，如果你不小心，可能被你的路透或彭博資訊螢幕迷惑住，最後花好幾小時看它們卻對你毫無助益。一些非投資界的人常問我當天市場的情況如何，當我說我還沒看時，他們感到極為驚訝。

這個工作有一大部分是消化資訊，不管是書面或電子的形式，或語音郵件、面對面的正式或非正式會談的資訊。有條有理才能應付這個工作的需求。通常我會在一天中特定的時間做特定的事（例如，在地下鐵閱讀書面研究，或在面對面會談的空檔時間或計程車上聽語音郵件），而大部分基金經理人也會建立類似的每日工作規律。訂出利用時間的優先順序是不可或缺的方法。

## 4. 渴求分析

基金經理人喜歡知道事情的來龍去脈，他們不喜歡只

有結論，而想知道完成結論的過程。他們想知道結果是如何演變來的，例如從開關到發亮的燈泡之間的過程──發亮的原因和燈泡如何運作。我想所有基金經理人在思維上都很好奇。基金經理人隨時都在問問題，隨時都在思索。

在投資上，沒有任何東西可以取代你自己思考，每個人都得挪出時間來做這件事。富達從內部的分析師團隊培養大部分基金經理人，這種作法行之有年且效果很好，因為我們發現優秀的分析師可以培養成優秀的基金經理人。

我有一位資深的投資同僚，常問想加入我們投資團隊的潛在分析師和基金經理人一個問題：「全世界有多少塑膠袋？」他對答案不感興趣，而是對「被問者」如何回答這個問題感興趣。一位好分析師會開始從需求面想：全世界有多少購物者、他們在多少商店購物多少次；或從供給面想：它們如何製造，以及全世界有多少工廠，每座工廠的平均產量是多少……等等。

## 5. 講求細節的通才

優秀的基金經理人必須對股票市場上他們研究的形形色色的企業和產業，都有相當深入的了解。他們對各領域

的知識必須既廣博又深入。他們也必須有能力很快掌握新主題,只要幾個小時的研究就能比一般投資人了解更多。

雖然不必擁有像專業分析師對特定產業那樣深入的知識,但如果他們對各類產業和公司都有相當的知識,對工作將極有助益。當我遇見其他成功的基金經理人時,他們廣博的知識,甚至對與股票市場無關主題的了解,常常會讓我刮目相看。

## 6. 渴望贏

基金管理是競爭最激烈的工作,而且和許多其他工作不同,你每天、甚至每個小時、每分鐘都看到自己的表現。

葛蘭瑟姆這麼說:「投資管理事業創造不出價值,但它每年花費大約1%成本在這個賽局裡。整個來說,我們就是市場,而既然有成本,集體來看我們必然績效低於市場。這就像打撲克牌,好的玩家必須把他的成本和獲利轉嫁給輸家承擔。要每年贏2%,你必須找到一個甘願輸4%的人……追隨指數投資一定會擠壓積極管理型經理人,直到它變成這個行業絕大多數人的作法為止。最差的玩家會退出撲克牌局,轉進追隨指數投資。其餘玩家的標準將因

而提高……再提高……但幸好不斷有新手加入牌局。」

在這個競爭而壓力沈重的環境，基金經理人必須有想成功的動機。

## 7. 有彈性的信心

每一個基金經理人都必須對自己的看法有信心，但他們需要我所謂的有彈性的信心，或在證據改變時有能力改變他們的看法。

在投資中，確定與不確定之間往往只隔一條細線，太有把握反而可能陷於不利——必須隨時抱持開放的心思。有時候心存懷疑是好事，太過頭則是壞事，因為過度懷疑會從每一件事找缺點而怯於行動。

我認為太愛懷疑的人當不了優秀的投資人。好的基金經理人必須避免過度自信，或不計代價固執己見。如果你從不準備改變想法，就無法做好這個工作。事件常發生在無法意料的時候，如果因此而推翻了投資前提，經理人必須準備好承認出差錯，並繼續向前進。

## 8. 勇於不同

　　優秀的投資經理人是「自己的主人」，是能獨立思考而不過份受傳統想法束縛的人，而且往往樂於接受挑戰。最重要的是，他們樂於違抗眾人的想法，不受眾人怎麼做的影響。

　　大多數的人都樂於追隨眾人，因此逆向投資變成是異類而非規則。經常有人問我，與眾不同是我生來就有的個性，或是後天學來的。我想這可以學習得來，但許多叛逆者是天生如此。

　　許多我最好的投資，在執行當時常覺得不安心（包括我一些較成功的市場判斷）。通常等一項投資變得「安心」時，特別是在好轉或扭轉頹勢的情況，你想投資就已經太遲了。一位優秀投資者不在乎別人怎麼想，儘管凱因斯說「世俗的聰明教導我們，對聲譽來說，從眾而失敗好過違逆眾人而成功」。

## 9. 了解自己

　　基金經理人必須了解自己，知道自己的長處和短處，

並設法彌補短處。此外，我相信一位優秀的基金經理人，必須找到一種適合自己個性的風格或方法，並且持續使用這種方法。

在股票市場有很多方法可以賺錢，而基金經理人必須找出對自己有效的方法，並一以貫之採用它。我不相信經理人能樣樣方法都精通，又能長期地在不同投資風格中轉換。基金管理很像是一種個人活動，最後的決定最好是由個人決定。民主無法造就優秀的基金經理人。

# 10. 經驗

要注意崔恩（John Train）所指出的「伊卡魯斯症候群」（Icarus syndrome），「最危險的莫過於信任一個年輕、而且曾有一段時間表現很好的狂熱者—— 我稱之為伊卡魯斯症候群。他以命定滅亡的悲情撞毀在下一個空頭市場的地面⋯⋯我想看到的是一位受過艱困時期考驗的經理人，一位善戰的老兵」。

經驗極有價值。正如馬克·吐溫（Mark Twain）說的，「歷史從不重複，但它有相同的韻腳」—— 同樣的模式確實經過一段時間會再度發生，而除非經歷過完整的經濟與

股市的循環，就稱不上經驗「老練」的投資人。能把今日的事件放在歷史背景下看確實很有用。此外，一位優秀的基金經理人從不停止學習——我就是如此。

## 11. 誠實

誠實是必要條件。誠實就是對投資人、公司和同僚誠實，但同樣重要的是，對自己誠實。

## 12. 常識

最後一項特質看起來很稀鬆平常，被列在我的清單也許會令人驚訝，但我相信它是重要的特質，而且往往被低估。當投資中面對新的或不尋常的事物時，我永遠會回到第一個原則——這是否合理？你會很驚訝，這常常避免我做出以後我會很後悔的事。當事情好得不像真的時，它可能就不是真的。

每次我結束與一家公司會談後，如果還是不了解為什麼會有某種產品的需求，或還不知道某件事運作的方式，那就是警訊——雖然其他人似乎不這麼認為。例如，第一

次有人向我解說固定比例債務擔保憑證（CPDO）這種風險較高、較複雜的新型重包裝信用商品時，我認為這種產品並不合理。我懷疑經過近來的信用危機後還會有人發行它。

許多投資人把投資看作比較輕鬆的事，因此想方設法尋找捷徑。沒有任何東西可以取代你自己思考。優秀的基金經理人來自各式各樣的學術背景，我並不認為一項條件只適合某一種工作，而不適合其他工作，而且我相信一位優秀的基金經理人需要質與量並重的許多特質。

最重要的是，切記在判斷績效時，想在短期內（例如連續三年內）區分績效是歸功於運氣或判斷力，將十分困難。技術純熟的投資人，需要時間讓機率轉變成對他們有利。每一位優秀的經理人都會碰上績效不佳的年頭。我有三年就是如此，分別在1989、1990和1991年！

**重點回顧** **Key reviews**

- 好的基金經理人必須避免過度自信，或不計代價固執己見。
- 民主是無法造就優秀的基金經理人的。
- 歷史從不重複，但它有相同的韻腳。
- 當好得不像真的時，或許就不是真的。
- 任何一位優秀的經理人都會碰上績效不佳的年頭。

# Part 2

## 我的投資經驗與省思

Experiences and
reflections from
a life running money

# Chapter 18 幾次難忘的公司會談

■ 沒有任何東西可以取代你自己思考。

---

　　一直以來，我把公司會談的筆記寫在標準A4筆記本裡（我偏好筆記本勝於一張張的紙，後者時間一久就可能遺失）。

　　我從1987年開始記英國公司會談的筆記，到我停止管理特別時機基金時，已經寫了五十二本筆記本（每本筆記本一百則筆記，那就是約五千次公司會談）。同樣的，我從1985年富達歐洲基金推出時，開始記錄歐洲公司的會談，後來寫了三十七本筆記本。

　　很可能有人以為這些公司筆記對外面的人很有用處，但回想這些筆記，我發現大部分是今日看來平淡無奇，且充滿當時有價值、但多年後沒有多大意義的細節。你得知道，這些筆記是用來補充我們當時研究的其他資訊，而非對公司的完整檢視。部分最有趣的會談是在我投資歐洲的

早期（早在歐洲基金推出前，我的特別時機基金已投資在歐洲）。

以下是我對這些會談的部分記述：

# Notes 1

我第一趟訪問歐洲公司，是 1983 年 11 月到挪威。我對挪威特別感興趣，而且在那裡找到許多機會。我在第一次訪談看到兩家公司，一家是中型電腦製造商 Norsk Data 公司；另一家 Norgas 公司是工業氣體業者，擁有一個專精於「對比劑」（注射在人體時，對比劑可讓 X 光與掃瞄更清楚）的醫療事業。從那次會談之後，兩家公司卻經歷大不相同的發展。

Norsk Data 是一檔景氣循環股，先是有一段期間表現很好，成為歐洲基金經理人普遍持有的一檔股票。後來它的營運隨著競爭增加而成熟，開始走下坡，我相信最後它會走上清算一途。

另一方面，Norgas 的醫藥部門變成 Nycomed 公司，是挪威最成功的企業故事之一，讓投資人賺進好幾倍於原始投資的錢。它是我的特別時機基金在 1981 年的十大持

股之一，1984年和1985年再度進入前十大。這家公司在1997年10月與英國Amersham公司合併。

在1983年那趟行程中，我也訪問當地一家大保險公司的投資長。我記得當時問他國內誰對挪威公司的研究最透徹，他回答「奧斯陸沒有這樣的人」。如果我想研究挪威公司，他建議我找倫敦的葛蘭特公司（Grieveson Grant，今日是德利佳華[Dresdner Kleinwort Benson]的一部分）談。

他的建議反映出當時歐洲許多國家很少作這方面的研究。他很嚴肅，沒有什麼幽默感，我記得後來再度訪問時也和他見了面。他問我都訪問哪些公司，我告訴他是哪幾家，包括一家我對管理團隊不甚滿意、感覺很投機的電腦設備流通商。我問他對那家公司的看法，他表示不方便談論那家公司，因為他自己就是該公司的董事之一！

我很快便學會在像奧斯陸這麼小的商界中，最好別隨便發表自己的看法。

## Notes 2

我應該在1984年10月第一趟訪問後就買進易利信

（Ericsson）的股票。要是我買了，就能有大筆獲利。我記得當時，我是看了訪談對象桌上的電話機而遲疑投資易利信的決定；那是一具我看過最老式的電話機，當時我想的是，一家首屈一指的電話公司怎麼會讓員工使用如此過時的電話機？也許當時我應該多欣賞易利信降低成本的能力。

有趣的是，在1980年代我們受歐洲公司歡迎的程度差異極大，從極端不友善到熱情接待都有。不過，大多數公司都很大方付出時間和提供資訊給我們。投資人的訪談很稀奇，而且真的有人煞費周章大老遠從英國飛來訪問，對公司的細節感興趣，讓他們願意花數小時跟我們討論。有些公司寧可跟外國投資人談，因為他們如果跟當地投資人或經紀商談，資訊可能出現在報紙上。

我相信有幾次我聽到的內容遠超過我應該知道的。我記得有一、兩次他們以為，既然我們是股東，就應該告訴我們管理會計和預算的資訊。有時候我們是第一家訪問某公司的投資人，例如1989年8月我們走訪馬德里，訪問西班牙國營Tabacalera公司。

# Notes 3

　　有些人誤解我們訪問的動機。我記得有一次訪問一家德國的小型地產商，在抵達時管理董事告訴我們只能會談半個小時，而且他不了解為什麼我們想見他。經過約二十分鐘提問題後，他的態度大幅改變，開始發現我們深入了解他的公司，而且想知道更多些。最後他跟我們談了兩個半小時，且很樂於解釋他所有的房地產投資組合。最後因為他詳細解釋公司擁有的房地產，以致他的辦公室地板鋪滿建築工地計畫和地圖。

　　我們整體的經驗是，一旦我們解釋為什麼要拜訪一家公司，管理團隊就會發現我們了解很多關於他們的事，因而樂於花時間跟我們會談。

　　有一例外是1988年5月我首度（也是最後一次）拜訪丹麥的穆勒集團（AP Moller）──丹麥最大的工業集團，由家族掌控，以莫測高深聞名。一家英國的經紀商安排我與穆勒的財務長會談，當我抵達時，他問我：「你來想向我推銷什麼？」我說：「我不推銷，我們是潛在投資人，想多了解你們公司。」他回答說：「很抱歉，我們的政策是不跟投資人討論。」

我花了愉快的半小時談丹麥和世界的投資情勢。有一、兩次我嘗試把話題引導到穆勒的營運，但每次他都轉移到別的話題。那次訪談毫無成果，但後來還是有所收獲。在1992年，那位財務長換工作出任另一家丹麥業者East Asiatic的執行長，我們與他有幾次會談，深入討論他的新公司，並建立極佳的關係。

早期的其他挫折發生在一些另有所圖的公司。1985年一家義大利食品公司對說服我們吃他們的冰淇淋，比討論公司狀況更感興趣；那年稍後訪問德國的抵押貸款銀行時，他們派出證券部門的主管，想爭取我們的股票交易生意，但不讓我們了解他們的營運。

## Notes 4

1986年12月，我有幸成為葡萄牙股票市場對外資開放後，最早訪問該國企業的投資人之一。那趟訪問以參觀股票交易所作結束，那裡的空間跟一間客廳差不多大，價格每天只改變一、兩次。幸好我聽說有一家叫Sonae的小集團，其營運包括超市等行業；我們是最早的外國投資人之一，當時買的股票後來上漲了十倍。

1987 年 6 月（股票市場崩盤前幾個月），我訪問兩家
芬蘭赫爾辛基的集團，一家是營運包括汽車經銷、菸草、
製紙與工程的 Amer。該公司旗下還有一家生產曲棍球棒
的子公司，後來收購威爾森公司（Wilson）的高爾夫與網
球事業，以及滑雪用品製造商 Atomic，變成一家體育用
品公司，產品無所不包。

　　我們那趟行程訪問的另一家集團製造多種產品，例如
紙、電視機、輪胎，甚至長筒雨靴。我特別注意一個叫摩
比拉（Mobira）的部門，當時它的銷售一年擴增 50%。這
家公司在後來幾年經歷一段艱困期——連續幾位執行長
任期都很短，有幾位不超過一年，最後一位還不幸自殺。

　　在 1992 年初，這家公司的財務長被擢升為執行長，
並在 1993 年訪問我們的倫敦辦公室。這是我參與過最有
趣和最令人振奮的會談之一，我在會後買進許多這家公司
的股票。這位執行長名叫歐里拉（Jorma Ollila），而公司
叫諾基亞（Nokia）。

　　在會談中，他告訴我們，公司的所有部門除了摩比拉
（Mobira）這個行動電話子公司外，可能全被出售。有趣
的是，他告訴我們在 1989 年摩比拉還處於虧損的狀態，
當時的他們沒有把握能不能挽救！

到了 1993 年，情勢大為改善，他說它們的產品在美國的銷售十分「驚人」，讓他相當樂觀。由於一直到當時，部門獲利都尚未揭露，我們在那次會談才首次得知，他們的消費者電子事業大幅虧損，掩蓋了行動電話事業絕佳的獲利，而外界很少人知道這種情況。後來發生的事大家應該都已知道了。*

## Notes 5

1992 年 5 月，我的同僚史東（Colin Stone）和我訪問一家芬蘭資訊科技業者，名叫 TT Tieto 公司。這家電腦服務公司掌控芬蘭市場，並擅長併購企業和公共資訊科技部門，而且能有效經營它們。

舉行會談後，我們不約而同說這是一檔「十倍股」（ten bagger，這是彼得・林區用來形容股價可能翻漲十倍的用語）。我們的結論是，如果這家公司在別的市場報價，以它營運的公共事業特質和創造的營收，股價可能高很多，

---

* 編注：作為行動電話的市場龍頭，諾基亞在 2000 年的全盛時期，市值近 2,500 億美元。

尤其是該公司的會計很保守，採用高折舊率，並擁有強健的現金餘額。

另外，該公司的執行長萊迪（Matti Lehti）還認為，獲利率可以從1980年代的平均4％，提高到10％。那次會談後，我們增加持股到占該公司股權的15％（我們部位的最高上限），而且我們的股價預測證明很正確。

相反的，也有幾次訪談的結果讓我停止投資，或說服我賣出，因而避開了災難。一次是1990年訪問一家德國鋼鐵公司。我與那位財務主管進行早餐會議，整個過程他不停地喝當地的一種泡泡酒。我對他的行為大感驚異，因此未投資這家公司。後來我聽說該公司陷於困境。

另一次倖免於難，發生在一家名叫KHD的德國工程公司，我與一位英國經紀人一起訪問它。我們到達時，接待人員說他們才剛改變政策，決定完全不接觸潛在投資人；那位經紀人覺得很尷尬。雖然我當時也很不滿意，因為我原本以為這家公司會是不錯的投資對象，但我因此躲過一場災劫，幾年後這家公司果然幾近倒閉。

# Notes 6

我的訪談中最戲劇化的，可能是1988年在巴塞隆納的經驗，我跟一家西班牙集團的執行長會談，這家正快速成長的公司叫Torras Hostench，是當時我管理特別時機基金時最大的持股公司。

它最吸引人的一點是，當時在西班牙投資的科威特投資局（Kuwait Investment Office）持有該公司的大股（主權財富基金並非今日獨有的現象）。接待時，我們見到的第一個人是一名武裝保鑣；我們與執行長的會談也很令人失望，過程中不斷地被他藏在桌子下的電話打斷。

會談結束後，他邀請我們共進午餐；我們連同他的兩名保鑣坐進他的汽車，開車不到五十碼，只為了到一條三線道林蔭大道的另一邊。我不久後便賣掉這家公司的持股──如果他連這麼短的路程都需要兩名保鑣，也許他並不受人愛戴，或者有什麼不可告人的祕密。這家公司後來成為西班牙最大破產案的主角，而我相信那位執行長最後沒有躲過牢獄之災。

# Notes 7

　　1994 年，我訪談一家我碰過最特別的公司，它是一家名為 NZZ 的瑞士報業公司。就財務來看，這家公司的股價十分吸引人，只有現金流量的五倍，且低於帳面價值。會談中我發現，只有蘇黎世居民和自由民主黨員才能持有這家公司的股票。不過，我知道有些外國人曾經買過 NZZ 股票，因此我問董事他們的立場如何。他很坦白地說，所有權利仍然由賣家擁有。

　　「所有權利？」我問。「是的，所有權利。」他回答：「投票權、股利、認購新股權。」換句話說，外國人什麼都沒買到。除了遷居蘇黎世和證明你的民主政治理念外，你無法成為股東。我很想為我的基金買進好股票，但那未免太過頭了！

　　在 1980 和 1990 年代初，瑞士大體上不接受外國投資人，他們只能買無投票權的股權憑證，或者在有些例子中，公司只給他們不記名的股票。因此，許多瑞士公司對與外國機構投資人會談不感興趣。

　　其中一個例子是我當時在歐洲基金的持股，那是一家叫 Kuoni 的旅遊公司。該公司在提供資訊上限制重重，如

果我們幸運的話，一年會獲准訪談公司一次。有一天，該公司宣布，大股東——某家德國零售商，將在市場出售大量持股。因此我們發現情況已完全改觀——一個友善、穩定的大股東的保護不復存在。他們態度轉變，甚至問我們對投資的公司通常有什麼期望，以及他們該如何處理投資人訪談。後來他們開始提供更詳細的財務資訊，並同意與我們在瑞士或英國會談（這家公司在英國有一家專營長程旅遊的子公司）。

這些資訊顯示，包括英國在內的數個部門營運情況良好，但有三、四個部門處於虧損狀態，因此整體獲利率低於平均水準。他們向我們解說改善虧損的計畫。股價後來的表現很好。

瑞士公司限制股東投票權並非特例，許多歐洲國家仍然對不同種類的股票限制投票權，並且給予不同股東差別待遇的權利。例如，在義大利、德國和其他幾個市場，如果持有多數股權的股東售股給第三方，少數股權股東未必能享有同樣的價格。

# Notes 8

　　1995年，我在一篇演講稿中談到投資歐洲時說：「德國在對股東的友善上，仍然在歐洲市場敬陪末座。德國在歐洲幾乎是絕無僅有的國家，許多德國公司拒絕與我們見面，即使我們是股東。這些公司包括設在柏林的食品零售商 Otto Reichelt、建築材料業者 Villerory Boch、報業公司 Axel Springer，和藥品公司 Altana。

　　許多德國公司還採用另一套方法，就是只讓特別股在市場上流通交易。這些股票沒有投票權，因此不難想見，管理階層可以很放心外部股東絕對無法影響公司——除非公司付不出特別股的股利時。

　　荷蘭則採用另一套架構，有些公司的管理董事會由監事會投票選出，而監事會則由管理董事會投票選出，這種完全互相扶植的結構讓股東完全沒有任何影響力，甚至有一個例子是，有一家公司持有另一家公司的多數股權，卻完全無法掌控該公司。此外，公司通常有三種形式的保護，可以阻擋不請自來的併購。」我記得我曾與一家業績差勁的荷蘭公司董事討論這種作法。「為什麼是三種？」我問，「一種，或最多兩種不夠嗎？」

「我們被容許有三種，所以我們有三種。」他這樣回答。我提到有些公司有四種——他認為四種就太過份了！從那個年代以後，德國、瑞士和荷蘭都有長足的進步，但今天仍有部分地中海國家落在歐洲其他地方之後。

## Notes 9

我過去訪談過兩家較特別的公司是，蒙地卡羅的SBM旅館集團（Societe des Bain de Mer）和盧森堡的Astra公司。

SBM在蒙地卡羅擁有許多旅館、賭場和商店，甚至擁有幾條道路；摩納哥的王子持有其多數股權。長期以來，這家公司很少被研究，股價維持在極低的水準。我一直很訝異為什麼很少有投資人訪問蒙地卡羅，比起其他地方，那裡並不差！

Astra則擁有歐洲各地數家衛星電視台播放節目的衛星，包括天空電視（Sky）。我永遠忘不了開車經過綿延的鄉間前往他們辦公室時，突然冒出一棟太空時代的圓頂建築，矗立在森林間，這棟建築就是他們的發射台，把節目傳送到地球上空幾哩遠的衛星。我對早期與這家公司的財

務長討論的內容特別記憶深刻，我記得他告訴我，他們每次發射衛星時就非常擔心。我問他為什麼，他告訴我，當時發射衛星極其昂貴，而且沒有人能保證發射會成功，所以風險非常高。只要發射衛星時出了差錯——每六次有一次的機率，鉅額的鈔票在剎那間就會化為烏有。

有趣的是，在那個年代分析師甚至可能把一家公司的基本統計數字搞錯，例如流通股票的數字。我記得1988年11月拜訪盧森堡鋼鐵業者Arbed時，財務長很熱心，充分回答我們所有的問題。我們發現，在這家公司買回一批流通的可轉換債後，分析師高估了股票稀釋的數字。

此外，該公司持有一家比利時鋼鐵關係企業的股權原本被認為只有30％，但實際上透過其他子公司的持股卻超過50％。在基本事實被誤解的情況下，這家公司的股價對集團獲利比只有四倍，對集團現金流量比為一點五倍，對帳面價值的折價比率則超過50％，也遠低於其他歐洲鋼鐵公司的股價。於是，我們很快將它納入持股。

## Notes 10

投資當時的歐洲商業電視台讓我們賺不少錢。我們把

在相對較開發的英國電視市場投資的知識，帶進處於萌芽期的歐洲商業電視市場。我們在法國的 TF1、西班牙的 Antena TV 投資獲利豐厚，投資在德國、荷蘭、義大利、瑞典和挪威擁有電視事業的公司，也有可觀的表現。不同國家的產業發展腳步不同，在先進國家擁有的知識用在發展較慢的國家，可以讓你領先其他人。

1996 年 4 月，我們碰上一個奇特的機會，我前往赫爾辛基時看到 MTV，當時那是唯一在芬蘭播放節目的商業電視公司。和其他歐洲市場一樣，國營的頻道是主要的電視台，但它們不以營利為目的，所以第一家商業電視台通常有絕佳的機會。

MTV 股票並未上市，但股權相當分散，主要由其他芬蘭公司持有，且從未換手。我不記得確實的價格，但那檔股票本益比只有四或五倍。我詢問如何才能買到股票，他們告訴我，每個新股東都必須獲得董事會批准。幸好董事長正是諾基亞的執行長歐里拉，當時我們已經很熟。我回到倫敦後打電話給他，告訴他我們有興趣投資這家公司。他說他很高興批准富達成為股東。最後這家公司被一家國內的報業集團收購。

# Notes 11

　　1994年6月的一次訪談留給我很特別的印象，原因則很不尋常。這次是拜訪巴黎郊外的Guilbert公司總部，那是一家營運良好的小型辦公室用品供應商。

　　我們進入接待區時，看到一面巨大的看板，上面顯示Guilbert的股價。這在美國是很尋常的作法，卻是我第一次在歐洲看到。我對這家公司如此注重其股價印象深刻，這也是我在訪談後買進其股票的原因之一。

# Notes 12

　　到了1990年代末，歐洲公司開始較頻繁到倫敦來接觸它們的投資人，而我們的會談大部分都在倫敦城我們的辦公室裡進行。在我們辦公室會見公司對我來說，比遠赴歐洲各地拜訪它們更能有效率利用我的時間，雖然在某方面會較無趣。

　　我想我第一次拜訪英國公司是在1970年代，當時我在商人銀行伍爾曼公司（Keyser Ullmann）做我的第一份工作。那是一家叫EC Cases的威爾斯公司，製造水壺、

鍋具和其他金屬家庭用品。和管理團隊會談後，我們參觀工廠，並立即注意到建築盡頭的一大堆箱子。我們問起那是什麼時，他們說是退貨的燉鍋。顯然是設計有瑕疵，鍋柄的隔熱也不良，所以鍋子放在爐火上時鍋柄就跟鍋子一樣熱！我們一回到辦公室後，馬上賣掉所有持股。

# Notes 13

我英國筆記本記錄的第一次訪談是1987年6月24日，對象是一家商用汽車製造商ERF公司。不久後的7月7日，我和Mersey Docks公司董事長會談。這家公司擁有利物浦一座碼頭，是我最棒的投資之一。那是一檔轉機股，擁有商業不動產形式的強力資產後盾，在特別時機基金擁有其股票時，它上漲了十倍。

我訪談過較特別的英國公司之一是Paterson Zochonis公司（即現在PZ Cussons）。該公司設在曼徹斯特，最早是奈及利亞的一家貿易公司，後來轉進製造業，除了在奈及利亞設廠外，在泰國、印尼、肯亞、希臘和波蘭也生產清潔劑、化粧品、肥皂和食用油。它旗下的Cussons公司產品包括帝王皮（Imperial Leather）香皂，而且持有許多

股票、債券和銀行存款。

　　該公司的股票有兩類，一種有投票權，一種沒有，而家族控制了65％的投票股權。由於是家族控制的公司，它不常與投資人會面，但在1994年5月，代表公司的經紀商安排我在曼徹斯特與公司財務長會談。

　　那是一次很成功的會談，我獲得許多有關這家公司的資訊。當時我沒有買進股票，因為我對他們的奈及利亞事業仍有疑慮。不過，三年之後，那位財務長陪著董事長到倫敦拜訪我們，之後我買進這檔股票。

　　這檔股票的價格極低，尤其是把它資產負債表上的現金和證券考慮進去時。隨著它不斷提高獲利，和市場對新興市場的興趣升高，這檔股票在接下來幾年的表現極為突出，股價也因此被大幅重估。

## Notes 14

　　藥品公司通常被視為是安全的投資，尤其是它們不受經濟不景氣影響。因此，當1988年5月我訪談一位葛蘭素公司（Alaxo）的主管，聽他說這個行業「風險很高」時，我感到十分驚訝（他可能是我訪談過的主管中年紀最大的

一位）。他的看法是，當時的十大暢銷藥與早年的暢銷藥不一樣。

葛蘭素因為推出「善胃得」（Zantac，當時是世界銷售第一的處方藥）而短期展望極佳，但他對未來十年能否推出新的十大暢銷藥似乎沒有把握，雖然該公司才剛斥資5億英鎊在斯提芬尼治（Stevenage）設立一座研究所。

二十年後，他的見解似乎特別真切。接下來，我想以兩次1990年代最嚴重的錯誤來結束本章的討論，並談到一家雖然因為過度擴張而遭到挫敗，後來卻熬過難關並證明是絕佳投資標的的公司。這家公司今日是富時100指數的成份股。

# Notes 15

我在1980年代拜訪納迪爾（Azil Nadir）旗下的第一家上市公司Wearwell，地點在他們靠近倫敦商業路的辦公室。後來他買下一家叫Polly Peck的小「空殼」公司，而我從1980年代後期開始買進它的股票，它是我1987、1988和1989年的十大持股之一。

該公司最初的營運重心，是塞普勒斯北部水果的出口

與包裝，後來擴張到更廣的行業，包括在土耳其的電子業與旅館事業，以及全球食品和航運等，最後成為富時100成份股。在1990年9月股票停止交易前，它曾出現一些警告訊號，包括利潤比同業高出許多，以及債務大幅增加。在同一年，它的管理團隊曾嘗試收購公司的業務，但未成功。

我記得我們1990年坐在納迪爾位於柏克萊廣場的漂亮辦公室，四周都是古董地毯和櫥櫃，啜飲著橘子汁，討論他的經營。納迪爾顯然很有教養和優雅，很能取信於人。但最終，集團事業的財務過度擴張，營運的利潤也高得啟人疑竇——這家公司很快就遭到重大弊案調查辦公室（SFO）調查。

# Notes 16

這段期間另一個錯誤是一家叫Parkfield的集團。這家藉併購擴張的公司跨入晶圓代工、汽車鋁輪圈、錄影帶經銷和電影發行等領域，執行長叫費爾柏（Ｒ ｏ ｇ ｅ ｒ Felber）。

我最早看到密德蘭一家經紀商的推薦而知道這家公司，我也記得在一次費爾柏和機構投資人舉辦的午餐會上

見到他。後來我們和這家公司有幾次印象很好的會談，他們給了許多子公司的資訊，於是在1988年9月的會談後，我在1989年2月開始買進股票。

　　到了1990年初，它成了我的十大持股之一，接著有報導說這家公司出現財務問題。我想我們需要進一步會談來了解這件事，於是安排拜訪他們位於薩里郡（Surrey）黑索米爾（Haslemere）的總公司。那是我第一次訪問黑索米爾的公司，因此這家公司後來進入破產接管程序顯得有點諷刺。我當時的助理──一位很能幹的女性分析師，從我們的波士頓辦公室搬到倫敦來工作──和我在那裡待了兩個小時。財務長再三保證公司財務沒有問題，總部的氣氛也很平靜，一切顯得照常運作，所以我們回到倫敦時都相信報導是假的。我沒有想到幾個月後這家公司股票就遭到停止交易，變得幾乎一文不值；錄影帶、影視經銷事業耗用鉅額營運資金是主要因素。

　　這則故事還有一段後記：幾年後我們準備搬遷到附近地區，我們的仲介商帶我們去看一棟古董大建築。裡頭極為富麗堂皇，我問仲介商賣家是誰。「叫什麼名字？」我問。「費爾伯先生。」那人回答，並問我：「怎麼，你認識他嗎？」

Polly Peck和Parkfield的資產負債表都很薄弱，也許一開始不是，但到後期階段肯定如此，只是我們的分析師在當時未察覺。經歷此番教訓，以及當時我們投資組合中另一些破產的公司，如Mountleigh、Doctus、Babcock Prebon和Merlin Properties，使我發誓以後投資資產負債表不佳的公司時，一定時時保持警覺。我們也必須有更有效的方法，來辨識資產負債表過度緊繃的公司。

## Notes 17

第三家讓我體認到資產負債表重要性的公司是WPP。我在索瑞爾（Martin Sorrell）擔任Saatchi and Saatchi公司財務長時認識他。1985年，他買下一家叫Wire and PlasticProducts的現金殼股公司（cash shell）*，用來收購廣告和媒體業者。這些併購往往藉盈利支付協議（收購的部分價金從日後收購對象的獲利支付）來支應部分所需資金。

---

* 沒有業務運作的空殼公司，多數只是持有現金或資產，其最大的價值是它的上市地位。

當時的收購案包括1987年以5.66億美元買下J. Walter Thompson集團，和1989年以8.64億美元買下Ogilvy集團。後者這樁收購主要靠舉債支應所需資金，也是導致日後財務出問題的原因。

我在1980年代末期陸續持有這家公司股票，而我第一次會談筆記是在1988年3月。1990年代初期的衰退開始影響WPP的生意，原因是許多公司削減媒體支出。該集團1991年底債務達到4.5億英鎊，一度還達到5億英鎊的高峰，當時受到的影響已經相當明顯。

1992年5月，一些知名的銀行家找上我們，並和數家大股東共同提議撤換管理團隊，同時挹注1億英鎊的新股本到這家公司。我當時持有WPP，但並非我較大的持股，因為我預期WPP會得到某種形式的再融資。我認為希望很大，但基於這家公司財務很急迫，且主要營運是在美國，於是我要求波士頓辦公室一個專精於再融資的部門研究這種情況。他們仔細看過提議和新的管理團隊，下結論說維持現狀是最好的選項。

不久後，WPP自己帶著改組計畫來找我們，其中包括以可轉換特別股挹注資本，並把部分銀行債務轉換成這類股票。我們原本認為給銀行轉換條件太優渥，當天直到

很晚一直要求該公司修改條件。遺憾的是，我們的努力沒成功，最後勉強接受提議。

　　財務問題解決後，WPP變成一檔極有潛力的轉機股。我從1991到1997年持續持股，其中在1993、1994和1995年，WPP是我的十大持股之一；在索瑞爾幹練的長期領導下，它的營運相當出色。該檔股票在1998年加入富時100成份股，索瑞爾直到今日是富時100公司中任職最久的執行長。很少有執行長經歷類似WPP在1990年代初的再融資後還能繼續留任，索瑞爾是例外。

# Chapter 19 我最好和最差的投資

■ 投資很少是黑白分明的。

---

　　我只有管理特別時機基金最後八年的詳細績效數字，所以我要討論那段期間最好和最差的一些投資，還有幾檔在那之前真正幫助或阻礙我的股票。這些股票記錄在本章結尾的表格中。

　　我從2000年到2007年績效最好的十檔股票是：Autonomy、ICAP、Gallaher Group、Cairn Energy、MMO2、Amlin、Balfour Beatty、George Wimpey、BG Group和Safeway；績效最差的十檔是：Sportingbet、Rank Group、ITV、GCAP Media、SMG、Premier Foods、Isoft、Cookson Group、SSL Intl、British-Borneo Oil & Gas。

## 最佳績效表現

　　諷刺的是，我過去七年管理基金績效最好的股票之一是 Autonomy，一檔最早的科技／媒體／電信泡沫股。我記得我曾問管理我們幾檔成長基金的同僚史東，「如果我想持有一檔新經濟股，應該選擇哪一檔？」他推薦我他持有許多股份的 Autonomy。我猜想我做過最聰明的一件事就是，在泡沫完全破滅前賣出它。

　　績效第二好的股票是ICAP。我從1980年代開始追蹤貨幣經紀業，在1990年代曾持有Exco、Mills & Allen，和一家小型經紀商Trio。1998年10月，史賓塞（Michael Spencer）旗下的私人經紀事業成功地反併購Exco，隨後在1999 年9月，這家叫Intercapital公司的集團與另一家叫Garban的經紀商合併。

　　Garban的母公司原本是媒體業者Mills & Allen（後來在一樁併購後，Mills and Allens變成United Business Media [UBM]）。1998年11月，為了專注在媒體事業，UBM分割出售貨幣經紀事業給股東。初期股價被大幅低估，我的基金買進相當多部位，到2001年，它成了我最大持股之一。這家公司後來改名為ICAP，是最早利用電

子經紀優勢的經紀商之一（在之前，證券經紀都靠電話進行）。這個策略證明極為成功，並且經紀的產品範圍不斷擴大。它在2006年登上富時100成份股。

菸草股在本世紀初的這十年間遭大幅重估，投資人受到美國訴訟威脅減退穩定的獲利成長，尤其是在新興市場，以及潛在的併購機會所吸引。Gallagher向來是我最愛的菸草公司之一，理由是它的地理分布和成為併購對象的吸引力，我在1990年代末期首次買進其股票。這家公司在2006年12月被日本菸草公司（Japan Tobacco）收購，當時我已獲利了結。今日菸草股的股價已經高於其他類股，而非當年的相對偏低。隨著禁菸遊說日增，這個產業的成長終將受到影響，甚至在新興市場也是如此，投資人可能重估菸草公司，使股價跌回相對低價。

我在1990年代中期投資石油探勘業者Cairn Energy的獲利頗豐，當時這家公司在許多地方發現油氣，包括在孟加拉。我很幸運1997年在股價高檔賣出持股，它的一些發現證實不如預期，導致股價回跌。2000年股價跌回低檔後，我開始再度累積持股。這家公司熱心提供我製作下圖的資料，圖中顯示富達從1994年2月到2003年10月持有的股票。

## 圖1 富達的 Cairn 能源持股表現

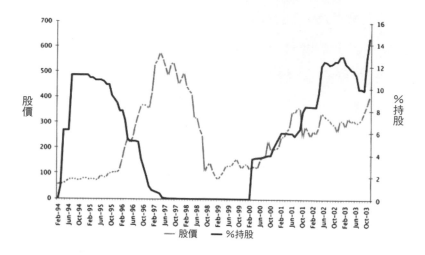

我一直給給予該公司管理團隊極高的評價，它的執行長有一套很棒的策略，用來平衡低風險的油氣井和生產資產，以及高風險的探勘部門；前者能提供現金流量，後者如果成功則能為股東賺進大把鈔票。

該公司在印度拉賈斯坦省（Rajasthan）外海的探勘就是這類高風險事業。在2004年，該公司只花約700萬英鎊，從殼牌（Shell）買下這個區的50％權利（這可能是歷來大型石油公司最失算的交易之一），此後那裡幾度發現油氣。今日該區的價值約30億英鎊。Cairn因為這些發現而躋身富時100成份股，並讓擁有印度部門的子公司在印

度股市公開發行少數股權。公司執行長近日告訴我，Cairn的原始投資人已經賺回投資的一百倍——很少公司能打破這種紀錄。

我在討論併購的章節曾舉MMO2為例，說明這家公司一直是較大型電信公司可能收購的對象（該公司的執行長在第一次會談時就這麼告訴我們）。它也是極可能成為分割公司的例子。在2001年11月，MMO2從英國電信獨立出來，所有英國電信的股東都獲得MMO2的股票。不過，它的規模相當小，許多英國電信的股東決定賣出持股，不願持有許多人可能認為數量太少的股票。

這些初期的賣出提供我們很好的機會。正如許多從大公司部門自立門戶的公司一樣，MMO2的管理團隊對管理公司和擁有股票的前景充滿期待。我記得那位執行長說，他們有把握藉提高利潤和營收成長，大幅改善營運的財務績效。他完全信守承諾。

事實上，這家行動電信公司在未獨立分割前的早期，就為我們的基金創造不錯的獲利，當時有兩家上市關係企業Security Services和Securicor，擁有早期叫Cellnet公司的少數股權，直到英國電信在1999年把這些少數股權全部買下。

我對這兩家關係企業很感興趣，因為我相信它們持有的Cellnet股權並未完全反映在它們的股價上。我對這兩家公司的持股在1990、1993、1994、1995和1996年都是特別時機基金的最大持股，而且是那幾年基金績效的主要貢獻者。其他公司都沒有持續這麼多年一直是我最大持股的紀錄。我沒從它賺錢的時候，只有在英國電信買下股權時。我相信英國電信賣掉它是一個錯誤的策略（雖然債務壓力讓英國電信沒有別的選擇）。

　　Amlin向來是勞氏（Lloyds）保險市場*最成功的保險公司之一。我在1990年代末期開始對這個領域感興趣，當時許多公司上市的目的在於提供資本給勞氏，剛開始這些公司有許多投資在由各個管理代理商經營的聯合組織，但漸漸地它們轉而收購管理代理商，把本身擁有的資本與代理商的資本整合在一起。這類新公司崛起導致勞氏市場的融資產生變化，它們和其他公司會員逐漸掌控勞氏市場的大部分融資，取代過去提供資本的個人。

　　我必須承認我長期投資勞氏市場的經驗一直起伏不定，從早期（我首度持股是在1995年）我買進數家公司

---

* 倫敦國際保險市場的重要組織，由保險業者、商人、船主及經紀人組成。

174　逆勢出擊
Anthony Bolton

時很難決定哪一家會有好表現，哪一家不會。過程中我的幾檔持股發生問題，包括Goshawk、SVB和Cox保險。

此外，在2001年美國的恐怖攻擊，或2005年的颶風這類災難發生時，短期內的股價表現極差，有幾家公司需要更多資本，雖然這類災難意味未來保險的經營環境會更有利。我投資愈久，對營運模式就愈不關心，尤其是因為這些公司的曝險只限於勞氏，而且我認為勞氏仍必須改變營運方式（例如整併其聯合組織的資本和投票權）。還有，今日資本流動早已更自由，當保險環境變有利時，資金可以很快進入市場。

我在1997年9月與菲利普斯（Charles Philipps）見面，當時他擔任Angerstein Underwriting的財務長。他後來出任Amlin執行長，帶領這家公司成為勞氏的領導業者之一，並在百慕達創立保險事業。在這個許多業者常不願為日後的虧損提供充裕準備的行業，Amlin向來是審慎和優良保險營運的楷模，它的股票長期績效一直很好。

## 最差績效表現

我在這七年期間最差的投資是Sportingbet。有關

Sportingbet 和 PartyGaming 等公司倒閉的報導已經很多，我知道投資這些公司的風險高於平均水準，因為美國線上賭博合法性的相關問題仍未解決。

　　儘管如此，當時我們與許多法律專家討論，他們都認為後來果真發生的事不太可能發生。在最後一刻，美國以與另一項港口相關法案包裹的方式，通過一項認定「網際網路賭博支付」為違法的法律。雖然我對我們的顧問判斷錯誤很不滿意，但買進這種高風險股票，就必須預期可能發生不測。我確信線上賭博終究會在美國合法化，等到這天來臨時，美國的賭博公司將會掌控市場，因為已經排除掉英國的競爭者。

　　依我所見，Rank 集團多年來是一家經營不善的公司，在一個鬆散的休閒品牌下經營太廣泛的各類事業。不過，近來我發現它是英國解除賭博管制的主要受益者。除了賓果館事業外，它擁有英國數一數二的賭博事業（我向來喜歡賭場事業創造現金的能力）。或許我太慢發現政府解除賭博管制政策大轉彎的幅度，還有這家公司受到賓果館禁菸影響的嚴重程度超乎我們想像。我繼續持有股票的另一原因是，新的執行長柏克（Ian Burke）留給我們特別好的印象，以及這家公司是主要收購對象。

我是英國傳播業的長期愛好者，從 1986 到 1999 年（當時科技／媒體／電信泡沫把股價推到最高），基金一直持有一些電視公司的股票。此外，從 1991 到 1999 年，我持有 Capital Radio。通常這類股票的績效極佳。儘管這十年來這類事業受到科技變遷的影響，且競爭日益激烈，我仍然深信如果經營得宜，它們的專營業務有極高價值。

　　不過，近幾年來我對幾檔媒體股太過樂觀，包括 ITV、GCAP 和 SMG。SMG（擁有 Scottish TV，在 2008 年前也擁有 Virgin Radio）還有資產負債表太弱，和管理團隊紀錄不良的問題。我常自問，我是不是在富達積極介入改變 ITV 管理時，變得太接近 ITV？（當時我被取了一個糟糕的綽號，叫「無聲殺手」[the Silent Assasin]*。）也許我是如此，但 BSkyB 在 2006 年買進 ITV 股權時，這並未阻止我賣出所有 ITV 股票。在 2004 年和 2005 年表現不佳後，2006 年 ITV 是我績效最好的股票之一。2007 年，我買回賣給 BSkyB 的持股的半數，但它再度成為績效落後股。

　　即使在媒體市場區隔化的環境，我仍然認為能帶給廣

---

*　Silent Assasin 是一款英國製狙擊槍的別稱，也是著名的電腦遊戲「刺客任務」。

告主最多視聽眾的電視頻道很有吸引力，但ITV無疑經營不善已經許多年，且節目還可以作得更好。我仍然相信，只要有正確的管理（現在的管理可能已經改善，雖然我們並未參與決定葛拉德[Michael Grade]擔任執行董事長），ITV可以經營得更好，尤其是如果它能改變或去除合約權更新規定的約束。

我想所有近幾年我投資失利的股票中，最令人失望的可能是GCAP。我向來對廣播深具信心，即使是在網路當紅的世界，廣播聽眾（不同於電視）並未流失。我很遺憾哈絲利特（Kate Haslett）可能再也沒有機會以上市公司的形式經營這個集團，因為我相信她有遠見和魅力足以扭轉該公司近來的財務逆境。

Premier Foods在2006年12月被RHM併購後，債務水準大幅攀升。我對管理團隊從2004年7月初上市以來的營運表現一直很佩服，此外，我相信食物價格上漲儘管已經落後，未來對獲利將大有幫助。不過，我認識多年的一位股票經紀人在2007年力勸我賣出股票，理由是它的債務水準太高，而我真希望當時聽從他的建議，沒有違背我自己訂的避開資產負債表不佳公司的原則。

Isoft最初是一則傳奇故事，這家英國小型軟體公司贏

得英國或全世界歷來最大的資訊科技合約，擊敗了數家同業的巨人。該公司股價起步表現不錯，主要歸功於一位有說服力的管理董事，和一些取巧的軟體營收會計（我們剛開始並未發現）。我一直期待Isoft未來會被一家軟體大廠收購。最後，惡化的資產負債表和軟體開發計畫延遲，使該公司被迫公開徵求收購。收購價碼只有股價的一小部分。

## 值得一提的遺憾

除了過去七年削弱我績效的股票外，我所持有的礦業股不夠多也是件憾事，尤其是Xstrata、必和必拓（BHP Billiton）和英美礦業（Anglo American）。

我一直對資源類股有偏見，因為我相信影響它們營運的重大因素之一是相關商品的成功或失敗。我一直認為，整體來說我們在預測商品價格上沒有競爭優勢。我寧可投資在一家我相信內部分析能給我更競爭優勢的股票。

近幾年來，我受到美盛（Legg Mason）的米勒（Bill Miller）等評論員的影響，米勒說，所有商品價格長期來看都將回到生產的邊際成本，遠低於他寫出這種看法時的價格。商品價格現在已經上漲相當久了，而即使在有通貨

膨脹威脅的環境下，我不相信商品需求一定會改善。

　　現在需求確實可能因為西方的衰退，和中國在2008年奧運之前的囤積而減退。商品需求往往受到基礎建設支出超過消費支出的影響，而我相信基礎建設支出對信用緊縮特別敏感。不過，有一種我比較感興趣的商品，那就是白金，而我近幾年來持有Lonrho、Impala Platinum和Aquarius Platinum。有幾家供應商掌控白金的供應，擁有其他商品少見的市場影響力。

　　我在投資British Land股票的績效極佳，並與公司主管多次會談。晚近的幾次會談對象是海斯勒（Stephen Hester），一位十分幹練的執行長。這檔股票是我基金最早期（1981年）的最大持股之一，經過二十四年後（2005年）又再度進入我的最大持股名單！

　　近幾年來我在英國大型地產股的投資表現很傑出，一直到英國REIT（不動產投資信託）推出。從股票市場的觀點來看，過程往往比抵達終點好，所以我持續大幅減少持股到2006年底。後來我再度累積British Land持股直到2007年底，剛好在我停止管理基金之前，且股價也已大幅回跌。我很想知道我進場的時機是不是剛好，或者我進場太早了。

最後，我想再提兩檔成功的投資──渣打銀行和ED&F Man。渣打銀行在2004、2005、2006和2007年大部分時候都名列我的最大持股之一。我受到它在新興市場的營運吸引，尤其是在亞洲，及其優秀的管理團隊。我想長期來看它獨特的資產終究會吸引更大型銀行的興趣，而短期它將從亞洲與非洲發展飛快的經濟體獲益。

我在1995年首次買進ED&F Man，就在它上市不久後，在1997、1998和1999年，它是我的最大持股之一。這家公司初上市時，主要是一家交易、尋找和處理商品的事業，金融方面的業務很小，當時股價很低。管理團隊逐漸改變營運組合，在2000年出售大部分商品相關事業，並擴展金融服務部門。他們收購經營避險基金的投資管理公司，包括一家極成功的計量交易基金AHL。

今日，曼氏投資（Man Investments）是全球數一數二的另類投資業者。這套策略的成功帶來股價重估，因此這家公司登上富時100指數已好多年。我在初期幾年獲利頗豐，但太早賣出持股。原因之一是我擔心AHL的績效能否持續，而這層憂慮至今證明並不正確。

## 表1 積極選股對淨報酬的貢獻

| 年度 | 最佳持股 | 最差持股 |
|---|---|---|
| 2000 | Autonomy | Merant |
| | Celltech | British-Borneo Oil |
| | Reed International | Enodis |
| | Safeway | Compel |
| | Johnson Matthey | Scotia Holdings |
| | Ellis & Everard | Albert Fisher |
| | Gallaher Group | Allied Leisure |
| | Bank of Ireland | Cookson Group |
| | Wembley | |
| | Iceland Group | |
| 2001 | ICAP | Railtrack |
| | London Stock Exchange | Carlton Communications |
| | Arcadia | Iceland Group |
| | Inchcape | Novar |
| | Balfour Beatty | Enodis |
| | Safeway | Elementis |
| | George Wimpey | 4 Imprint Group |
| | De Beers | SVB Holdings |
| | Gallaher | British Airways |
| | Carillion | Laird Group |

逆勢出擊
Anthony Bolton

| 年度 | 最佳持股 | 最差持股 |
|------|---------|---------|
| 2002 | Credit Lyonnais | British Energy |
|  | Harmony Gold | Cable & Wireless |
|  | Gallaher Group | SSL Intl |
|  | Amlin | Big Food Group |
|  | Enterprise Oil | Bulmer HP |
|  | MMO2 | Cadiz Inc |
|  | Bank of Ireland | Royal & Sun Alliance |
|  | SOCO International | Carlton Communications |
|  | George Wimpey | Oxford Glycosciences |
|  | Kiln | Cookson Group |
| 2003 | Cable & Wireless | Goshawk Insurance |
|  | Big Food Group | SOCO Intl |
|  | WS Atkins | Tullow Oil |
|  | NTL | Kiln |
|  | Carlton Communications | Hiscox |
|  | William Hill | Wellington U/W |
|  | MMO2 | Manangement Consultancy |
|  | Mothercare | Beazley Group |
|  | Somerfield | De la Rue |
|  | Body Shop | Tenon |

| 年度 | 最佳持股 | 最差持股 |
|---|---|---|
| 2004 | Cairn Energy | ITV |
| | MMO2 | Rank Group |
| | Celltech | Proteome Sciences |
| | London Stock Exchange | BG Group |
| | Carlton Communications | Big Food Group |
| | First Calgary Peteroleum | Aquarius Platinum |
| | Pendragon | Royal & Sun Alliance |
| | Allied Irish Banks | Reuters |
| | Orkla | Shire |
| | Land Securities | NTL |
| 2005 | Cairn Energy | GCap Media |
| | BG Group | ITV |
| | Statoil | William Hill |
| | Amlin | Marconi Corp |
| | British Energy | London Stock Exchange |
| | Roche | NTL |
| | Standard Chartered | Provident Financial |
| | C&C Group | SMG |
| | P&O Nedlloyd | Minerva |
| | SOCO Intl | Asia Energy |

**逆 勢 出 擊**
Anthony Bolton

| 年度 | 最佳持股 | 最差持股 |
|------|----------|----------|
| 2006 | ITV | Sportingbet |
| | Microfocus | Isoft |
| | British Land | Rank Group |
| | Mecom | GCap Media |
| | Expro International | BSkyB |
| | Shire | Reed Elsevier |
| | BG Group | Highland Gold |
| | Amlin | 888 Holdings |
| | Astra Zeneca | SMG |
| | British Energy | Asia Energy |
| 2007 | Bayer | Premier Foods |
| | BG Group | Rank Group |
| | Electricite de France | GCap Media |
| | Nokia | Premier Farnell |
| | Reuters | SMG |
| | J Sainsbury | BP |
| | Reed Elsevier | British Land |
| | Xansa | Johnson Services Group |
| | Statoil Hydro | Erinaceous Group |
| | Vodafone | ITV |

| 年度 | 最佳持股 | 最差持股 |
|---|---|---|
| 2000 至 2007 | Autonomy | Sportingbet |
| | ICAP | Rank Group |
| | Gallaher Group | ITV |
| | Cairn Energy | GCAP Media |
| | MMO2 | SMG |
| | Amlin | Premier Foods |
| | Balfour Beatty | Isoft |
| | George Wimpey | Cookson Group |
| | BG Group | SSL Intl |
| | Safeway | British-Borneo Oil & Gas |

逆 勢 出 擊
Anthony Bolton

# Chapter 20 物換星移的基金產業

■ 比起幾十年前，股票又更迷人了。

---

　　我在1971年加入倫敦城，直到今日這裡的樣貌已完全改觀——1970年代的倫敦城每天工作相當短的時間（至少比起現在的工作時間短多了），午餐時間則長得多，而且許多人會喝點葡萄酒。

　　當時，你認識哪些人幾乎跟你懂哪些事一樣重要：許多工作靠關係而非能力取得。人們擔心的是鞋帶有沒有繫好，和襯衫領子是不是漿直，或者戴了可拆式的領子。如果非會員擅入股票交易所的交易廳被抓到，懲罰是當眾脫褲子（在女性准許成為會員之前）。

　　我記得一位經紀商朋友在1970年代初期帶我違法進入交易所，幸好沒有被發現。1971年我在伍爾曼開始第一份工作，最初幾週的工作是在倫敦城當親自送信的信差。他們認為那是讓我認識重要建築物位置的好方法（我

不認為那有多大用處，尤其是在我職業生涯中許多機構都曾搬遷辦公室）。

我的訓練還包括在貨幣市場部門工作，當時銀行的代表還會戴著高頂禮帽互相拜訪。我們每週參加英格蘭銀行的三個月期國債標售，我記得有一次公司董事花很久的時間才決定標購的價格，我必須匆匆趕赴英格蘭銀行才能及時送進標單。我進入銀行時，因為時間緊迫，我開始跑下通往遞標單窗口的長走廊，以免錯過正午的截止時間。突然有人大喊：「年輕人，英格蘭銀行裡不准奔跑。」一位穿著粉紅色晨禮服的英格蘭銀行信差擋住我的去路。等我終於趕到窗口，那名職員告訴我，他無法接受我的標單，因為我摺標單的方式錯誤——只有按照說明正確摺好的標單才能被接受！

我想我因為沒能及早遞出標單而回到辦公室時，一定讓許多人很不高興。當然，這套制度早已廢除，股票交易廳的規矩也一樣。今日這些程序都已電子化，更有效率當然不在話下，只是已完全不帶人情味。

投資界最重大的兩個改變是電腦的應用，以及可取得資訊的增加。我剛入行時，標準計算機約一張 A4 紙大小，可以插進大型主機。個人電腦在 1980 年代初問世，我記

得有一位同事要求買一台。他的上司很不情願讓他購買，因為他不了解為什麼需要個人電腦。

現在我們很難想像那個沒有試算表的年代，損益表和資產負債表預測都必須抄寫，並以計算器加總。同樣的，所有財務比率如本益比、收益率和資本報酬率，都得靠計算器算出。現金流量折現模型以當時可得的工具來算，是極其複雜的工作。

與計算能力攜手並進的是資訊的成長。今日公司提供的資訊比當年多得多——更頻繁，也遠為詳細。經紀商出版的報告是當年的好多倍（歐洲各地發表報告的經紀商數量也一樣大增）。在我投資管理的早期，這個工作要設法取得別人沒有門路取得的資訊，所花的功夫不下於詮釋資料和資訊。

今日，情況顛倒過來。在1980和1990年代，我們的競爭優勢來自擁有比競爭者好的資訊蒐集系統。我記得每到公司的辦公室訪談後，走出來時就會想，我可能比任何投資人都更了解這家公司的現況，因為大多數投資人沒有機會訪問這些公司。在那個年代，特別是歐洲公司很少發布正式資訊——次數很少，經常延遲，且幾乎不用英語。

擁有更好的資訊是一大優勢，使超越競爭者的績效變

得更容易，因為當時的經紀商研究遠比今日少，很難滿足自己不作研究的投資機構的需求。1980年代初期歐洲大陸的經紀商也很少作獨立研究（法國和德國可能例外），而對斯堪地那維亞和西班牙等地區有研究的專家，通常也都在倫敦。

我離開大學、加入倫敦城時，投資管理還不是一門受歡迎的行業，我的同輩進入倫敦城主要選擇的是企業金融，那是當時當紅的工作。投資管理毫不起眼（例如，我一直到開始第一份工作才聽說它）。銀行業的傳統是，投資部門被視為中途區，是準備做像管理銀行本身這類更重要的工作之前待的地方。投資主要是尋找私人客戶，以及少數像保險公司或退休基金等機構的帳戶。聽起來可能很令人驚訝，但績效標準還在萌芽期，往往完全不受重視。

當時有一種看法，就是能選股和處理買進、賣出業務就算有本事，不管工作做得好不好！打敗市場或平均績效的概念才剛興起，指數型基金在1970年代的英國還鮮為人知；有一家小型經紀商Rowe Rudd，在1970年代末是率先提出指數型基金和效率市場假說的公司之一。他們比那個時代超前許多；投資組合的指數化核心（indexed core）觀念在今日已很普遍，尤其是對大型基金來說。

在那個年代，投資管理公司很少自己作研究，只依賴可取得的經紀商研究和推薦（通常只是小道消息或其他投資人在做什麼的情報——交易機密在當時還不是大不了的事）。偶爾才有機會在大型午餐會上見到公司管理團隊。

當歐洲公司首度來倫敦時，他們會坐在同一張桌子，投資人則坐在另一張桌子，然後也許在喝咖啡時投資人會提出兩、三個問題，然後公司作很簡短的說明。經紀商研究會發給所有客戶，但所有人必須同時收到的規定不像今日那樣嚴格（事實上當時沒有這種規定），所以有很多機會可以搶先看到報告。

除了一些商業銀行外，通常銀行沒有交易櫃檯或交易部門，因此每個基金經理人得自己買進或賣出。這會花去一天相當多的時間，打電話給經紀商，討論市場趨勢、下買賣單，和接交易執行報告。此外，在當時，投資人可以在買進股票後保留交易一、兩天，看股價的走向如何，然後決定用哪個帳戶成交。偶爾還傳出銀行把成功的交易分配給銀行自己的帳戶，甚至給員工的個人帳戶，而不成功的交易則丟給客戶！幸好這種作法早已絕跡。

當時沒有路透或彭博資訊，而我記得看過的第一套系統是倫敦證券交易所自己的報價系統。當然，資訊極為陽

春，只有價格和新聞，沒有進一步處理資料的能力或其他來源。每一筆成交單都必須以人力核對，而且往往主管或基金經理人必須在每張成交單上簽字，以表示正確無誤。即使我在富達的初期幾年，我還得這麼做（最後我不得不用一顆有我簽名的橡皮圖章，以便更快簽完一大堆成交單）。投資公司的股票部門和固定收益部門很少互動。

我記得與一家競爭業者的固定收益經理人聊天，而我的感覺幾乎像遇見一個完全不同行業的人 —— 我們的工作完全不同。此外，我們做工作時，很少知道世界其他金融市場發生什麼事，或股票是如何定價的。美國、遠東、歐洲和英國的交易櫃檯彼此分隔很遠，人員也很少交談。雖然我是英國專家，但我對世界其他地方與我持股同類的公司了解卻很少，即使它們之間有相互競爭的關係。

那個年代當然只有極少數避險基金。私募股權公司已經存在，但如果你的專業是股票，你很少有機會遇上它們——公開上市公司轉為私人公司只偶爾發生。避險基金的短線操作使這個行業競爭加劇，計量基金的成長也是，因為有愈來愈多資金追逐市場的短期動能。市場趨勢也因而延長，漲跌過頭的情況比以往更常見。就某方面看，市場變得更有效率，尤其是在反映短期事件上。不過，我深

信避險基金、動能（momentum）投資人和計量基金（quantitive funds），都跳上了一股導致定價定期出現錯誤的趨勢，使採取長期觀點的投資人握有更好的機會。

另一個大改變是估價模型。早期我們除了本益比和收益率外，沒有太多估價標準，也許偶爾用上股東權益報酬率。因此，公司必須先賺到資本成本才能創造價值的概念，是一個重大改變。

許多公司辛苦經營多年，投資人心甘情願投資它們，但它們卻未幫股東創造任何價值。這種改變的結果是，英國上市公司的平均資本報酬率從此大為改善。公司現在比以往更願意回應股東的要求。

在早期，許多公司完全不在乎股東看法和關切的事，尤其是如果管理團隊對短期股價不感興趣時（有時候，資本利得稅會使家族控制企業希望股價維持在低檔）。這些公司往往不願會見股東，或對他們的看法毫無反應。我想股東愈來愈參與公司、擁有投票權等發展，對全面的企業治理改善功不可沒。

我相信今日英國公司的平均水準已遠高於當年──包括企業經營和對股東的重視兩方面。因此，平均而言，股價確實有提高的理由（特別是今日很少公司不為股東創造

價值）。比起幾十年前，股票又更迷人了。倫敦城在很多方面已變得更好，專業管理的程度日益提高，雖然在這個過程難免有一些趣味隨之消逝。

# Chapter 21　我對未來投資管理的五個看法

■ 最讓投資人害怕的環境卻也提供一些最好的投資機會。

在本書結尾，我想談談我對五個熱門話題的看法：印花稅、私募股權、避險基金、股東行動主義和法規。

## 印花稅

印花稅對許多投資人來說已經是一種志願稅了。大多數避險基金、許多海外投資人，和愈來愈多的個人投資人，藉由價差合約（CFD）或股票價差交易來規避繳納這種稅，而不願購買真正的股票。

另一方面，大多數國內退休基金、保險公司和投資信託公司，都支付印花稅。在我看來這不公平，因為處理大部分英國民眾儲蓄的傳統投資機構受到懲罰。除非法規改變，我相信愈來愈多投資機構會開始利用逃避這種稅的設

計，而且我也不能怪它們這麼做。這種稅應該廢除，以避免雙重標準；或應設計一種公平的遊戲規則，使設在英國的金融機構不致陷於不利。

## 私募股權

儘管面對經濟衰退，私募股權業者將繼續在金融市場扮演重要角色。長期來看，私募股權業者籌募的基金愈來愈大，達成的交易也愈來愈大——但交易愈大，適合併購的對象勢必也愈難找。

收購較大公司的管道之一是透過股票市場，而我相信一旦目前的信用危機結束，公開上市轉私人公司的交易將扮演更大角色。雖然這對持有被收購公司股票的投資人是好事，我想長期來看卻未必很好。這是因為這種作法將導致可投資的市場縮小，一些產業可能沒有好股票可投資，一些擁有投資特質的公司將消失。新上市公司的規模將不太可能填補這種損失。

我更關切的是上市公司的人才長期流往私募股權基金——許多最好的執行長和財務長已紛紛離開上市公司，追求更高的潛在報酬。要阻止這種趨勢，我相信必須出現

兩種情況。第一，英國上市公司的平均債務水準必須提高
（平均債務對EBITDA比大約一點二倍，且一旦信用情勢
恢復正常，不再有槓桿過高的公司時，比率還可以更高
些）。如果這種情況發生，私募股權業者將比較沒有機會
收購這些公司，並提高它們的債務。

第二，上市公司高階主管的薪酬必須提高。我知道這
違背許多人對公司治理政策的看法，但只要薪酬根據績效
訂定，且績效的定義很公平，我反對限制這類主管的薪酬
（例如對絕對薪酬水準設限）。我相信薪酬結構若符合股東
報酬和主管管理績效，就是合情合理的作法。

此外，我也贊成私募股權收購上市公司時，採取某種
上市殘餘股權作法，允許加入收購的投資人可以賣出持
股，尤其是那些不喜歡高槓桿帶來高風險的投資人。

這種作法也將容許部分持股人在收購完成後繼續投資
公司，進而能從新結構帶來的較高潛在報酬獲利。我想這
對部分機構股東特別有利，但截至目前只有很少例子採用
這種結構。

## 避險基金

　　我對避險基金沒有任何不滿，而且我認識一些最優秀的經理人最後都投效避險基金。它們的 2 與 20 收費結構（每年資產的 2％，加上獲利的 20％）很有吸引力，但它吸引了業界一些不是很好的經理人。在過去幾年，避險基金的投資人已從富人和家族企業為主（過去避險基金很少設在英國），改變為普遍被許多主流機構投資人採用，而且現在有人在推動開放英國散戶投資人也可以參與投資。這種客戶基礎的改變將導致大量資金流入避險基金。

　　在投資業中，當太多資金流入一個領域時，幾乎一定會使該領域的報酬率降低。資金流入已促使數家基金成立，但有些基金的經理人能力未經考驗。因此，我相信避險基金的平均報酬率可能下降，而且會有更多「爆破」事件，尤其是未來幾年很難再看到過去的高槓桿，而基金績效難以滿足新投資人時。信用危機已導致初級經紀商家數減少，它們提供避險基金客戶的初級經紀能力降低，且提供槓桿的成本也已提高。

　　管理避險基金能夠自由作投資、可以作空或作多、收取高費用，這對許多基金經理人和分析師很有吸引力。不

過，正如投資中的許多事，做比說難得多，有許多新避險基金以倒閉收場（據估計，2007年有一百一十家避險基金創立，但倒閉的有五百家）。我建議所有熱中學習的避險基金經理人，閱讀畢格斯（Barton Biggs）在《上億資金怎麼玩？一個避險基金經理人的告白》一書中，對這個產業精彩的描述，再決定是否改換跑道。如果平均報酬率像我認為的會降低，倒閉的比率勢必增加，未來幾年會有許多家基金關門。

長期以來我一直覺得奇怪，為什麼公司願意與可能作空或作多它們股票的避險基金會談。兩年前，一位好心的執行長告訴我原因：「我們跟避險基金經理人的會談，大部分比一般只作多的基金更愉快。如果我們正在作巡迴說明會，必須舉辦許多會談，對我們主管來說，我們很希望至少有一些有趣的會議。」一般來說，他們顯然發現避險基金更了解他們的公司，問的問題也更好。這是會談比只作多的基金有趣的原因，因為只作多的基金可能只要求公司作簡報，然後只問少數問題。

這位執行長最後說，與富達的會談通常和與避險基金愉快的會談一樣，因為富達會先作功課，並提問有趣的問題（我想他說的不是客套話！）。如果他說的對，而且我

沒有理由懷疑他，那麼如果連執行長對會談都興趣缺缺，許多只作多的基金已註定長期式微的命運。

隨著避險基金對經紀商愈來愈重要，我也愈來愈擔心我們的交易活動與觀點的保密問題（我們的交易幾乎全透過經紀商）。偶爾經紀商會從我們的分析師套出有關我們觀點的機密資訊。避險基金願意為一點資訊優勢付出高價，而經紀商洩密是確實存在的風險。

我對避險基金最後一點看法是，傳統只作多的基金與避險基金的差別正在縮小。今日的投資管理公司通常會同時有這兩種基金。此外，規範承作可轉換證券集體投資（colletive investment）的歐洲法律 UCITS III，已擴大了傳統只作多基金經理人可參與的活動。

其中兩種新活動是避險，和實際上可作空股票（因此只作多基金不再只作多）！富達特別時機基金在 2006 年 9 月在股東投票通過後，獲准可進行這類操作。我想我們已看到更多單位信託投資公司和共同基金利用這些新權利。由於像富達特別時機的這類基金，手續費結構遠低於避險基金的平均水準，所以我相信只要是知名投資公司的優秀經理人管理下的這類基金，就代表絕佳的投資價值。

## 股東行動主義

　　我的名字經常與股東行動主義（activism）的趨勢牽扯在一起，而且我仍然大力支持理性的股東行動主義。在我們是大股東的公司，但公司表現不佳的情況下，股東行動主義讓我們有更多的選擇，可以促成公司在策略或管理等方面作改變，以使公司表現變好。我認為一些英國股東的行動性還不夠強，例如在銀行的管理問題上，以致造成今日讓許多股東吃大虧、股價大幅下挫的情況。

　　不過，我擔心的是極短線的投資人買進公司的少數股票，卻表現極強行動性的這股趨勢。今日企業的管理工作愈來愈困難，因為他們得面對看法各不相同的眾多股東，各自對公司方向有不同的主張。

　　我有兩個憂慮：第一，公司經營無法靠極短期的決策而成功，而如果股東行動主義者能施壓讓管理團隊這麼做，他們會讓英國企業界的面貌為之改觀；第二，一股日增的反股東行動主義運動正在崛起，他們甚至主張取消特定情況下的投票權，以削弱股東的影響力。我認為這是一種不好的發展，因為它將削弱投資機構對公司的影響力。我們強烈支持一股一票原則。我也反對像德國提議的法

律，準備禁止專業投資人彼此討論共同的投資。每次我們與公司交涉特定的問題，幾乎總會與公司的其他大型投資人討論是否有共同的看法。

## 法規

我在結束本章前不能不提到目前的銀行危機，及其長期的影響。許多評論家都認為，一旦塵埃落定，危機的後果之一是法規改變。儘管他們希望強化法規，我只希望立法議員不要矯枉過正。

這些法規改變有些將影響投資管理業，但重點將放在商業銀行與投資銀行上，它們將發現槓桿和資本的比率受到更嚴格的管制。例如，截至2004年，美國大投資銀行的槓桿都受到立法限制。這些規範後來鬆綁，而且成了目前這波危機如此嚴重的原因之一。這類管制可能再度實施。

此外，一套全球化的法律架構可能出現。在涵蓋所有投資人的全球金融圈，區域性或國家性的監管當局必須彼此合作，而非互相競爭，否則相繼陷於危機只是遲早的事。我想大部分時候英國監管當局的反應太慢，行動總是

落在美國或歐洲當局之後。這對英國金融機構不利，而或許這也反映了英國監管的三頭馬車制度（財政部、英格蘭銀行和金融管理局都涉入其中）。我懷疑我們的制度能繼續存在。

英國的國家機制可能造成衝突的另一個情況是，當一家像雷曼兄弟這樣的投資銀行倒閉時的因應措施。未來的管理型態在每個地區可能不同，一些地區的股票交易結算可能不致有問題，但像英國這樣的國家可能問題重重。如果英國採用不同的管理制度，投資機構將發現在日內瓦等地交易比倫敦安全，因而使倫敦喪失競爭優勢。整體來看，加強監管應是一樁好事，而強化金融制度將有助於避免發生類似現在銀行體系陷於停頓的危機。然而在此刻，最讓投資人害怕的環境卻也提供一些最好的投資機會。

• • • •

當我回憶過去三十五年的職業生涯，我認為自己很幸運從事一個如此吸引人的行業，幾乎可以說是我誤打誤撞進入的。這段期間這個行業呈現驚人的成長，我相信盎格魯撒克遜國家在這個領域保持領先，而倫敦至少在我投資

生涯中是其中一個卓越的金融中心。這是一種智力上刺激無比的活動，而我在這裡有機會認識並訪問世界最傑出的一些執行長。

此外，我在這段期間一直走在每一個企業趨勢前端，幾乎從它們一發動就如此。最後，它帶領我接近一群最有趣、最才華洋溢的人，但最重要的是，它帶來無比的樂趣。我在這段期間學到許許多多事，而我希望能以本書把我所學的一部分傳授給其他人。

# Part 3

## 安東尼・波頓
## 的投資教戰守則

Anthony Bolton's
lessons from a life
running money

# Chapter 22 逆勢出擊的交易心法

■ 一位優秀的基金經理人從不停止學習──我就是如此

編按：安東尼‧波頓在九〇年代初期，靠著投資Nokia一役寫下逆勢操作的市場傳奇，在他近三十年的投資生涯中，曾經歷多次股市多空循環，依然能締造每年近20%的報酬率，除了冷靜與專注的個人特質之外，以下這十三項分別應用在不同面向的交易心法，更是他能不受多空消息紛擾影響，領先市場作出正確判斷的關鍵。

## 1. 評估公司

- 最先評估專營事業的競爭優勢。
- 十年後的今天公司還存在嗎？會更有價值嗎？
- 公司是否掌握自己的命運？
- 經營模式是否容易了解？

- 營運能否創造現金？
- 記住，均值回歸是資本主義不證自明的真理。
- 留意公司的財務預測。
- 利用部分公司會談時間談論其他公司。
- 如果對一家公司有疑慮，跟著現金走。

## 2. 評估經營管理團隊時應注意的重點

- 如果對經營管理團隊的能力或誠信有疑慮，避開這家公司。
- 誠實與坦白最重要。
- 他們對企業策略、營運和財務是否有詳盡的了解。
- 經營管理團隊的目標與誘因是否與股東利益一致？
- 經營管理團隊交易股票與他們的聲明一致或衝突？
- 記住，人很難改變；投資在你信任的經營管理團隊。

## 3. 股票

- 你持有的每一檔股票都應該有一個投資前提。
- 定期測試投資前提，如果不再成立，就賣出持股。

- 看待股票如同你以那個價格買下整家公司。
- 忘掉你買股票的價格。
- 保持開放思想，並且了解「反」前提。
- 以信心程度來思考，而不以股價目標。
- 別想從虧損的股票把錢賺回來。
- 買一檔股票前探究六項因素：
  - 企業的競爭優勢
  - 經營管理團隊
  - 財務
  - 技術分析
  - 股價相對於歷史水準高低
  - 公司被收購的可能性

## 4. 信心

- 感覺和現實一樣重要。
- 成功的投資結合了堅持你的看法，同時傾聽市場。
- 短期來看，股票市場是一部投票機，而非磅秤。
- 不管一檔股票基本面有多少吸引力，信心傾向於走極端，而這意味好機會或高風險。

## 5. 建立投資組合

- 部位規模應反映信心。
- 別花太多時間在研究過去績效的原因。
- 你的投資組合應該要盡可能反映一個「從無到有」的組合。
- 別太注意指數權重。
- 逐步累積進出，而不要大舉進出。
- 絕不對持股產生情感。
- 投資就是減少錯誤；藉減少輸的次數來贏。
- 如果投資前提已不成立、股價達到價位目標，或找到更好的股票，就賣出。
- 如果對持股或可能買進的新持股有疑慮，可以拿它們與你持有性質最接近的股票作比較。
- 在密切注意持股，與花時間尋找新點子間保持平衡。

## 6. 風險

- 我最大的錯誤幾乎總是犯在資產負債表很弱的公司。
- 高槓桿的公司在營運環境惡化時，會讓投資人損失

最多錢。

- 記住壞事不會傳千里。
- 要用不同的觀點看一檔連續多年表現很好的股票；未實現獲利很大的股票，很容易下跌。
- 避開「傳遞包裹遊戲」股──即價格過高、仍持續上漲，投資人希望股價還會再漲更高，以便在音樂停止前賣出的股票。

## 7. 財務

- 永遠閱讀原始版的公司宣布與資訊，別依賴經紀商的摘要。
- 仔細閱讀公司財報的附註──重大資訊可能隱藏在附註裡。

## 8. 評估股價

- 別只看一種估價標準，尤其是只看本益比。
- 買便宜的股票給你安全的餘裕。
- 股價異常較常發生在中、小型公司。

- 從至少20年歷史股價的背景，看今日的股價。
- 股價處於歷史低水準時買進，可以大幅提高你賺錢的機會。
- 別忘了絕對股價。
- 記住多頭市場進行時，估價方法通常愈來愈不保守，反之亦然。

## 9. 併購與併購目標

- 買進有併購題材的公司。
- 大公司較不可能被併購。
- 股東名冊往往透露潛在併購者的線索。
- 對極短期併購目標的預測要保持懷疑。

## 10. 看好的股票

- 我投資策略的核心是買進低價的復甦、轉機股。
- 偏愛冷門、不受歡迎的股票。
- 目標公司是否有新經營管理團隊，且有明確詳細的復甦計畫可供你查考？

- 你可能必須在資訊齊全之前就得買進復甦、轉機股。
- 我最好的一些投資是當時覺得很難下手買進的股票。
- 尋找報酬不對稱的股票,即你可能賺很多錢,但下跌風險很低的股票。
- 長期來看,價值股的績效超越成長股。

## 11. 如何做交易?

- 授權給技術純熟的交易員,並給他們合理的自主權。
- 我只對少數交易設定嚴格的限制。
- 知道何時該積極買進或賣出,以及何時該退一步讓市場靠過來。
- 避免規定使用整數──這是大多數投資組合經理人的作法。
- 有耐心──大多數股票會給你第二次機會。
- 鉅額交易通常是大筆交易最便宜的方式。

## 12. 技術分析

- 我最先看的是股價圖。

- 利用技術分析作為交叉檢驗基本觀點的方法。
- 找一種適合你的方法,然後持續用它。
- 技術分析對大型股最適用。
- 技術分析強迫你獲利了結和停損賣出。

## 13. 時機交易

- 持續正確判斷市場走勢很難辦到。
- 如果你是個人投資人,就採用長期觀點,別把你未來三年會用到的錢投入股市。
- 股票市場是折現買賣未來的最佳場所,千萬別低估這一點。
- 別害怕違抗市場的整體氣氛。
- 市場會對預期的利多或利空事件作反應。
- 考慮股價所包含的假設,而非只注意表相。
- 在多頭市場的成熟階段,最適合修剪持股中風險較高的股票。
- 在一段四到五年的長期漲勢後,要特別提高警戒。

國家圖書館出版品預行編目（CIP）資料

逆勢出擊：安東尼波頓的投資攻略，一位被譽為「歐洲股神」的傳奇操盤手，如
何在市場主流中狙擊轉機股？/ 安東尼‧波頓 著 ; 吳國欽 譯 . -- 二版 . -- 新北市 :
大牌出版 , 遠足文化發行 , 2020.02　面 ; 公分
譯自：Investing Against the Tide: lessons from a life running money
ISBN 978-986-5511-04-3（平裝）
1. 投資　2. 投資分析　3. 投資組合　4. 證券經紀商

563.5　　　　　　　　　　　　　　　　　　　　　　　108023104

## 逆勢出擊

安東尼波頓的投資攻略，一位被譽為「歐洲股神」的傳奇操盤手，
如何在市場主流中狙擊轉機股？

Investing Against the Tide: lessons from a life running money

| | |
|---|---|
| 作　　　者 | 安東尼·波頓 |
| 譯　　　者 | 吳國欽 |
| 主　　　編 | 郭峰吾 |

| | |
|---|---|
| 總 編 輯 | 李映慧 |
| 執 行 長 | 陳旭華（ymal@ms14.hinet.net） |

| | |
|---|---|
| 社　　　長 | 郭重興 |
| 發行人兼出版總監 | 曾大福 |
| 出　　　版 | 大牌出版／遠足文化事業有限公司 |
| 發　　　行 | 遠足文化事業股份有限公司 |
| 地　　　址 | 23141 新北市新店區民權路 108-2 號 9 樓 |
| 電　　　話 | +886- 2- 2218 1417 |
| 傳　　　真 | +886- 2- 8667 1851 |

| | |
|---|---|
| 印務經理 | 黃禮賢 |
| 封面設計 | 許紘維 |
| 排　　版 | 藍天圖物宣字社 |
| 印　　製 | 成陽印刷股份有限公司 |
| 法律顧問 | 華洋法律事務所　蘇文生律師 |

| | |
|---|---|
| 定　　價 | 380 元 |
| 初　　版 | 2009 年 11 月 |
| 二　　版 | 2020 年 2 月 |